PERSUASIONE CON PNL

STRATEGIE DEI MODELLI DI MILTON PER PERSUADERE E CONVINCERE

ALEJANDRO MONTALVO

Edizione 1.0 – Dicembre 2024

Pubblicato da Alejandro Montalvo

INDICE

INTRODUZIONE

La comunicazione è un'arte che implica influenzare gli altri, e Milton H. Erickson è stato un vero maestro in questa disciplina. Come psichiatra e psicoterapeuta statunitense, Erickson non solo ha trasformato i metodi di terapia breve, ma si è anche distinto per il suo approccio innovativo all'ipnosi e alla comunicazione persuasiva. Nato nel 1901 e superando difficoltà personali significative, come la poliomielite e la dislessia, Erickson sviluppò una resilienza e una capacità di osservazione eccezionali, elementi che in seguito sarebbero diventati la base del suo approccio terapeutico.

I suoi contributi sono pilastri nel campo della Programmazione Neuro-Linguistica (PNL), dove i suoi "modelli di Milton" — una serie di tecniche linguistiche — giocano un ruolo cruciale nell'influenzare in modo sottile ed efficace il pensiero e il comportamento umano. Queste tecniche, derivate dalla sua capacità di "leggere" le persone e le loro situazioni, mostrano come il linguaggio possa essere utilizzato per attivare risorse interne non esplorate.

Erickson credeva che l'inconscio fosse sempre creativo, positivo e orientato alla risoluzione dei problemi, e le sue tecniche di comunicazione si basano su questo principio. Questi modelli sono strumenti di persuasione indiretta che permettono al comunicatore di presentare idee e suggerimenti in modo che sembrino emergere spontaneamente nella mente dell'interlocutore. Scoprì che l'uso di un linguaggio vago e metaforico può invitare le persone a colmare le lacune con la propria esperienza, aumentando così la ricettività e riducendo la resistenza a nuove idee o cambiamenti comportamentali.

Questo approccio rispetta l'autonomia dell'individuo e promuove un cambiamento più naturale e auto-diretto, un elemento cruciale in un mondo in cui la persuasione diretta è spesso accolta con scetticismo e resistenza. Oggi, i modelli di Erickson trovano applicazione in una vasta gamma di settori, dalla terapia alla negoziazione aziendale, al coaching di vita e oltre, dimostrando la versatilità e la continua rilevanza dei suoi metodi.

Questo libro è concepito come un manuale pratico, che dettaglia ciascuno dei modelli di Milton, fornendo esempi chiari ed esercizi pratici per ogni tecnica. L'obiettivo è che, al termine di questa lettura, tu non solo comprenda teoricamente questi modelli, ma sia anche in grado di applicarli efficacemente in una varietà di situazioni quotidiane e professionali. Dal miglioramento delle tue capacità di vendita all'arricchimento delle relazioni personali e alla leadership con maggiore empatia ed efficacia, i modelli di Milton hanno il potenziale di trasformare radicalmente il tuo modo di comunicare.

Dominando questi modelli, diventerai un comunicatore più efficace, capace di influenzare positivamente coloro che ti circondano. Più che un semplice insieme di tecniche, questo libro offre un percorso verso una comprensione più profonda di come le parole possano plasmare la realtà e di come, cambiando il nostro linguaggio, possiamo cambiare la nostra vita e quella degli altri.

CAPITOLO 1
FONDAMENTI DELLA PERSUASIONE INDIRETTA

La persuasione è uno strumento essenziale nel nostro repertorio comunicativo, utilizzato quotidianamente in tutto, dalle trattative commerciali alle conversazioni familiari. Ma non tutte le forme di persuasione sono uguali. In questo capitolo, esploreremo i fondamenti della persuasione indiretta, una tecnica sottile ma incredibilmente potente per influenzare gli altri senza che si sentano costretti a cambiare. Inoltre, introdurremo la teoria dietro i modelli di Milton Erickson, scoprendo come funzionano a livello psicologico e perché sono così efficaci.

DIFFERENZA TRA PERSUASIONE DIRETTA E INDIRETTA

La persuasione, una competenza fondamentale in numerosi contesti, si manifesta in due forme principali: diretta e indiretta. Ognuna ha le sue particolarità e utilizzi, a seconda della situazione e dell'obiettivo desiderato.

La persuasione diretta si caratterizza per una comunicazione aperta e chiara in cui il persuasore rivela le proprie intenzioni e presenta argomenti basati su dati e fatti concreti. Questo approccio si rivolge direttamente alla logica o alle emozioni del destinatario, come quando un venditore elenca esplicitamente le caratteristiche e i benefici di un prodotto. È particolarmente efficace in situazioni che richiedono decisioni rapide o quando la chiarezza è fondamentale per evitare malintesi.

Al contrario, la persuasione indiretta è più sottile, utilizzando il linguaggio, il tono e la suggestione per guidare il destinatario verso una conclusione apparentemente autonoma. Questo metodo è meno conflittuale e riduce la percezione di imposizione, il che spesso si traduce in una maggiore accettazione del messaggio. Ad esempio, un leader può promuovere l'importanza di un progetto non attraverso ordini diretti, ma incoraggiando discussioni che portano il team a riconoscerne spontaneamente il valore. Milton Erickson, maestro della comunicazione persuasiva, utilizzava questo approccio per permettere ai suoi pazienti di accedere alle proprie risorse interne per il cambiamento.

La scelta tra persuasione diretta e indiretta dipende da diversi fattori, tra cui il contesto, la relazione tra il comunicatore e il destinatario e gli obiettivi specifici della comunicazione. Mentre la persuasione diretta può essere più adatta a contesti in cui il tempo è un fattore critico o in cui è necessaria una chiarezza assoluta, la persuasione indiretta è preferibile in situazioni che richiedono un approccio più sfumato e ponderato, permettendo al destinatario di sentirsi più in controllo delle proprie decisioni.

Comprendere e applicare efficacemente queste forme di persuasione può trasformare il modo in cui interagiamo, facilitando non solo una comunicazione più efficace, ma anche relazioni più armoniose e produttive.

INTRODUZIONE ALLA TEORIA DIETRO I MODELLI DI MILTON

Milton Erickson, un innovatore nel campo della psicoterapia, ha trasformato le tecniche di ipnosi e comunicazione terapeutica con i suoi approcci non convenzionali. Basandosi sulla potente premessa che la mente inconscia può superare le barriere psicologiche e raggiungere obiettivi personali se mobilitata correttamente, Erickson sviluppò ciò che oggi conosciamo come i modelli di Milton nella Programmazione Neuro-Linguistica (PNL).

I modelli di Milton non sono semplici tecniche di comunicazione. Sono strategie sofisticate che utilizzano il linguaggio per attivare processi inconsci nell'ascoltatore. Includono l'uso di metafore, ambiguità, domande aperte e comandi impliciti, progettati per aggirare le difese psicologiche comuni di fronte alla persuasione diretta. La genialità di questi modelli risiede nella loro capacità di permettere alle persone di scoprire i propri significati e soluzioni, favorendo un tipo di introspezione che appare personale e auto-generata. Invece di imporre idee, i modelli di Milton creano uno spazio in cui gli ascoltatori possono esplorare e accettare nuove prospettive come se emergessero dal loro stesso ragionamento.

Questa tecnica si è dimostrata efficace non solo in terapia, ma anche in campi come la negoziazione, la leadership, l'educazione e il marketing. Ad esempio, un leader potrebbe applicare questi metodi per motivare il proprio team non con direttive esplicite, ma creando un ambiente che naturalmente spinge il gruppo ad allineare la propria visione e i propri sforzi con gli obiettivi dell'organizzazione. Allo stesso modo, nel marketing, questi modelli possono aiutare i consumatori a connettersi con un prodotto o servizio a un livello più profondo e personale, aumentando il loro impatto e la loro rilevanza.

Oltre a questi contesti, i modelli di Milton sono estremamente utili in qualsiasi situazione che richieda un cambiamento significativo nella percezione o nel comportamento. Alla fine, comprendere e utilizzare i modelli di Milton non solo migliora la capacità di comunicare in modo persuasivo, ma arricchisce anche le relazioni interpersonali, facilitando interazioni più significative e rispettose.

FUNZIONAMENTO PSICOLOGICO DEI MODELLI DI MILTON

I modelli di Milton Erickson, basati sull'uso strategico del linguaggio ambiguo e metaforico, sono profondamente radicati nei principi della psicologia cognitiva ed emotiva. Erickson ha progettato queste tecniche per interagire con il subconscio, facendo leva su processi mentali automatici come l'attenzione, la percezione e la memoria, fondamentali per il modo in cui interpretiamo e reagiamo alla comunicazione.

Presentando informazioni in modo da costringere il cervello a cercare attivamente connessioni e significati, questi modelli sfruttano la capacità del cervello di rilevare schemi e colmare lacune in modo efficiente e spesso inconscio. Questo tipo di elaborazione stimola l'attenzione selettiva, facendo sì che l'ascoltatore si concentri involontariamente sugli elementi del messaggio che risuonano con le proprie esperienze personali o aspettative, facilitando un'interpretazione più personalizzata e una maggiore ricettività.

Inoltre, l'uso del linguaggio metaforico e ambiguo gioca un ruolo significativo nell'interazione con la memoria implicita, una forma di memoria che opera senza la nostra consapevolezza esplicita e che influenza le nostre attitudini e comportamenti. Queste tecniche permettono ai concetti di integrarsi più agevolmente nella mente dell'ascoltatore, influenzando le sue decisioni future in modo sottile ma profondo, senza resistenze apparenti.

I modelli di Milton sfruttano anche la disponibilità euristica, una scorciatoia mentale basata su quanto facilmente un'idea viene in mente durante la valutazione di una decisione o argomento. Presentando idee in modo che siano facilmente visualizzabili o relazionabili, Erickson faceva sembrare queste idee più comuni o valide, aumentando la loro accettazione.

Infine, l'applicazione di questi modelli riduce la reattanza psicologica, una reazione avversa che si verifica quando le persone sentono che la loro libertà di scelta viene limitata. Suggerendo piuttosto che ordinando, e insinuando invece di dichiarare, Erickson creava uno spazio in cui gli ascoltatori si sentivano in controllo delle proprie decisioni. Questa sottigliezza aumenta l'efficacia del messaggio riducendo la resistenza e favorendo un'accettazione più naturale e volontaria delle idee presentate.

Insieme, questi modelli non sono solo strumenti di persuasione, ma metodi sofisticati che facilitano un cambiamento significativo e duraturo nel comportamento e nelle convinzioni degli ascoltatori, sfruttando in modo efficace e rispettoso i processi psicologici sottostanti.

Nel prossimo capitolo, impareremo il primo dei modelli di Milton: il linguaggio vago.

CAPITOLO 2
MODELLI DI LINGUAGGIO VAGO

Possiamo ottenere una comprensione più profonda del perché l'approccio al linguaggio vago sia così potente e versatile nella comunicazione persuasiva esaminandone le radici teoriche insieme ai suoi effetti cognitivi ed emotivi.

Il linguaggio vago interagisce in modo complesso con i processi cognitivi umani. Quando le persone si trovano di fronte a informazioni vaghe, tendono a coinvolgere processi di pensiero di ordine superiore, come l'immaginazione e l'inferenza, per dare un senso a ciò che ascoltano o leggono. Utilizzando le proprie conoscenze, credenze ed esperienze per colmare le lacune, le conclusioni a cui arrivano sembrano più personali e autodeterminate, il che è significativo per la ricezione del messaggio.

Il modello del doppio processo è un modello cognitivo che descrive come il cervello gestisce le informazioni attraverso due sistemi di pensiero distinti. Il primo è rapido, automatico e intuitivo, noto come Sistema 1. Questo sistema si occupa delle attività quotidiane che non richiedono molta concentrazione, come camminare o riconoscere volti familiari, funzionando in modo quasi istantaneo e con poco sforzo conscio. Tuttavia, a causa della sua rapidità, è suscettibile a bias e spesso si basa più su impressioni generali che su analisi dettagliate.

Dall'altra parte, il Sistema 2 è lento, deliberativo e analitico. Si attiva quando affrontiamo problemi che richiedono attenzione conscia e sforzo, come risolvere equazioni matematiche complesse o prendere decisioni critiche. Questo sistema di pensiero è più metodico e meno incline a errori di giudizio rapidi.

L'uso del linguaggio vago nella comunicazione può stimolare gli ascoltatori a passare dal processo rapido del Sistema 1 al processo più lento e riflessivo del Sistema 2. Poiché il linguaggio vago manca di specificità, obbliga gli ascoltatori a pensare attivamente e colmare i vuoti con le proprie interpretazioni, richiedendo un maggiore sforzo cognitivo. Questo passaggio a una modalità di pensiero più deliberativa aumenta la riflessione critica e può ridurre la probabilità di risposte automatiche o superficiali a messaggi diretti e chiari. Attivare il Sistema 2 consente alle persone di considerare più a fondo le implicazioni di ciò che viene detto, portando a una comprensione più ricca e a decisioni più informate e ponderate.

L'uso del linguaggio vago può avere un impatto significativo sulla ricettività emotiva di un pubblico, soprattutto quando si affrontano argomenti sensibili o controversi. Questo tipo di linguaggio è meno diretto e, di conseguenza, tende a essere percepito come meno minaccioso, il che può ridurre la difensiva degli ascoltatori. Quando le persone si trovano di fronte ad affermazioni dirette e chiare, specialmente su argomenti personali o polemici, è comune che si attivino risposte emotive difensive. Queste risposte possono includere negazione, resistenza o persino antagonismo verso chi trasmette il messaggio.

Al contrario, il linguaggio vago permette una certa ambiguità che invita i destinatari a interpretare il messaggio attraverso il proprio filtro di esperienze e credenze. Questo non solo riduce la probabilità di reazioni difensive, ma incoraggia anche una maggiore partecipazione dell'ascoltatore al processo di comunicazione. Sentendo di avere spazio per interpretare e comprendere il messaggio in modo che risuoni personalmente, le persone sono più inclini a considerare nuove prospettive e cambiamenti senza sentirsi pressati o confrontati direttamente.

Inoltre, riducendo le risposte difensive, il linguaggio vago può contribuire a mantenere aperte le linee di comunicazione. Gli ascoltatori si sentono meno attaccati e più compresi, il che può favorire un dialogo più costruttivo e collaborativo. Questo è particolarmente prezioso in contesti in cui il consenso e la cooperazione sono cruciali, come nelle negoziazioni, nelle mediazioni o nelle discussioni di gruppo sul posto di lavoro. Facilitando una maggiore apertura verso nuove idee e cambiamenti, il linguaggio vago non solo rende più fluida la ricezione del messaggio, ma aumenta anche le possibilità di raggiungere accordi soddisfacenti per tutte le parti coinvolte.

Il linguaggio vago, nella sua sottigliezza, è strettamente legato ai principi della teoria della Gestalt in psicologia, che spiega come le persone non percepiscano solo elementi isolati, ma tendano anche a organizzare queste percezioni in configurazioni o modelli coerenti e completi. Questa tendenza innata a cercare ordine e significato in ciò che percepiamo viene stimolata dall'uso di un linguaggio che non specifica completamente le sue intenzioni o significati.

Quando si utilizza un linguaggio vago, si presenta agli ascoltatori un'informazione deliberatamente incompleta, sfidandoli a usare immaginazione e intuizione per colmare le lacune. Così facendo, non solo partecipano attivamente al processo interpretativo, ma personalizzano anche il messaggio, integrandovi le proprie esperienze, conoscenze ed emozioni. Questo processo di completamento non solo rende la comunicazione più coinvolgente, ma aumenta anche la probabilità che il messaggio risuoni in modo significativo con il destinatario.

Inoltre, questo approccio può facilitare una maggiore accettazione di nuove idee o suggerimenti proposti. Quando le persone sentono di aver contribuito personalmente alla formulazione di un'idea o soluzione, è più probabile che si impegnino e la accettino. In questo senso, il linguaggio vago è uno strumento potente in ambiti come l'educazione, la terapia e la negoziazione, dove cooperazione e impegno personale sono essenziali.

Infine, il linguaggio vago è altamente adattabile a diversi contesti e pubblici, permettendo ai comunicatori di modulare il proprio messaggio in tempo reale, basandosi sul feedback verbale e non verbale dell'ascoltatore. Questo può portare a una personalizzazione più efficace del messaggio e a una comunicazione complessivamente più riuscita.

Questi aspetti dimostrano che il linguaggio vago non solo facilita una maggiore partecipazione del destinatario, ma sostiene anche la creazione di messaggi emotivamente intelligenti e cognitivamente stimolanti, promuovendo così un dialogo più profondo e significativo.

NOTA SULL'INTUIZIONE E L'EFFICACIA DEL LINGUAGGIO VAGO NELLA PERSUASIONE

In molte aree della formazione professionale, specialmente nelle scienze, negli affari e nella comunicazione tecnica, si enfatizza l'importanza di essere specifici e chiari. Questo orientamento verso la precisione è fondamentale per evitare malintesi e garantire l'efficacia nella trasmissione di informazioni tecniche e operative. Tuttavia, quando si tratta dell'arte della persuasione e della comunicazione emotiva, questa preferenza per la specificità potrebbe non essere sempre la più efficace.

Il linguaggio vago può sembrare inizialmente controintuitivo per coloro abituati a comunicare in modo diretto e concreto. Nei contesti educativi e professionali, ci viene spesso insegnato che chiarezza e precisione sono virtù indispensabili. Tuttavia, nel dominio della persuasione, dove l'obiettivo è influenzare i pensieri e le emozioni degli altri, il linguaggio vago offre vantaggi significativi.

Il potere del linguaggio vago risiede nella sua capacità di coinvolgere l'immaginazione e i sentimenti dell'interlocutore, permettendo alle persone di riempire gli spazi non specificati con le proprie percezioni, desideri ed esperienze. Questo può rendere il messaggio più personalmente risonante e, di conseguenza, più convincente. Non essendo limitato da dettagli concreti, il destinatario del messaggio ha la libertà di interpretarlo in modo che abbia più senso e attrattiva per lui o lei, facilitando così una connessione emotiva più profonda e una maggiore disponibilità ad accettare la persuasione.

In situazioni in cui le opinioni o gli interessi possono essere vari e potenzialmente in conflitto, come nelle negoziazioni o nelle discussioni su temi sensibili, la vaghezza può essere uno strumento cruciale per mantenere aperte le linee di comunicazione e favorire un dialogo più costruttivo e meno conflittuale.

In sintesi, sebbene la specificità abbia il suo posto e valore in molti aspetti della comunicazione professionale, nell'ambito della persuasione, il linguaggio vago non è solo utile, ma può essere estremamente potente. Imparare a usare questo stile di comunicazione in modo efficace richiede pratica e riflessione, ma rappresenta un'aggiunta inestimabile alle competenze di qualsiasi comunicatore, leader o negoziatore.

ESEMPI DI UTILIZZO

Esempio nelle negoziazioni

Contesto: Immagina di essere un dirigente commerciale che cerca di chiudere un accordo con un potenziale cliente per l'implementazione di un nuovo software aziendale. Il cliente è interessato, ma ha espresso preoccupazioni riguardo ai costi e all'integrazione con i sistemi esistenti.

Applicazione del linguaggio vago: Invece di presentare un piano rigido e dettagliato che potrebbe incontrare resistenza diretta, decidi di adottare un approccio più flessibile ed esplorativo. Durante la riunione, potresti dire: *"Forse potremmo considerare diverse opzioni che potrebbero portare benefici a entrambe le parti nel prossimo futuro. Ad esempio, potremmo esplorare vari livelli di servizio e pacchetti di supporto tecnico che si allineano meglio con ciò di cui il vostro team ha realmente bisogno."*

Questa frase è volutamente vaga, non specifica esattamente quali opzioni o quali benefici verranno offerti. Tuttavia, menzionando *"vari livelli di servizio e pacchetti di supporto tecnico"*, lasci la porta aperta affinché il cliente pensi a soluzioni personalizzate senza impegnarsi immediatamente in qualcosa di specifico. L'ambiguità qui è utile perché invita il cliente a considerare possibilità che potrebbero sembrare più adeguate o desiderabili personalmente.

Processo di pensiero del cliente: Sentendo la tua proposta, il cliente inizia a immaginare come diversi livelli di servizio potrebbero funzionare per la sua azienda, riflettendo su ciò di cui ha realmente bisogno rispetto a ciò che sarebbe semplicemente piacevole avere. Questo non solo lo fa sentire più in controllo del processo, ma riduce anche la probabilità di una reazione negativa a una proposta più prescrittiva.

Risultato: Al termine della conversazione, il cliente ti chiede di preparare una proposta flessibile che includa diverse opzioni con varie fasce di prezzo e livelli di supporto. Questo approccio lascia aperta la porta a future negoziazioni, in cui il cliente si sente già coinvolto nella progettazione della soluzione, aumentando le probabilità di raggiungere un accordo finale soddisfacente.

Questo esempio mostra come l'uso strategico del linguaggio vago nelle negoziazioni non solo possa facilitare l'apertura e il dialogo, ma anche responsabilizzare l'altra parte, facendola sentire più coinvolta e impegnata nel processo di negoziazione.

Esempio nelle vendite

Contesto: Immagina di essere un venditore di automobili in una concessionaria e stai cercando di chiudere una vendita con un cliente che è ancora indeciso su quale modello scegliere. Il cliente ha espresso interesse per un veicolo che sia versatile e affidabile in diverse condizioni.

Applicazione del linguaggio vago: Per rispondere alle preoccupazioni e ai desideri del cliente senza impegnarti in affermazioni troppo specifiche e limitanti, decidi di adottare un approccio più aperto. Durante la conversazione, dici: *"Quest'auto offre prestazioni eccezionali in molte situazioni, dai lunghi viaggi su strada all'uso quotidiano in città."*

Usando frasi come *"prestazioni eccezionali"* e *"molte situazioni"*, non specifichi esattamente quali aspetti delle prestazioni o quali situazioni stai descrivendo. Questo è intenzionale, poiché consente a ogni potenziale acquirente di immaginare come il veicolo potrebbe essere utile nella sua vita quotidiana. Ad esempio, un cliente potrebbe pensare all'efficienza del carburante nei lunghi viaggi, mentre un altro potrebbe considerare la maneggevolezza nel traffico cittadino.

Processo di pensiero del cliente: Ascoltando la tua descrizione, il cliente inizia a visualizzare personalmente i diversi modi in cui l'auto potrebbe semplificargli la vita, considerando sia le esigenze quotidiane che i desideri di avventure occasionali. Questo coinvolge il cliente in un processo mentale in cui valuta e convalida l'utilità del veicolo in base alle proprie condizioni di vita, aumentando l'attrazione emotiva verso l'auto.

Risultato: Motivato dall'immagine mentale che ha costruito, il cliente si sente più propenso all'acquisto, avvertendo che l'auto può davvero soddisfare una vasta gamma di esigenze. Alla fine della conversazione, chiede di provare l'auto, avvicinandosi ulteriormente all'acquisto, con la sensazione di aver trovato un veicolo che si adatta alle sue aspettative.

Questo esempio illustra come l'uso del linguaggio vago nelle vendite possa essere estremamente utile per coinvolgere l'acquirente nel processo di acquisto, permettendogli di connettersi personalmente con il prodotto. Lasciando che i clienti riempiano i dettagli in base ai propri desideri e bisogni, aumenti le possibilità che si sentano soddisfatti e impegnati nella decisione d'acquisto.

Esempio di leadership

Contesto: Immagina di essere un leader di squadra in un'azienda che cerca di innovare nel suo approccio al servizio clienti. Sei in una riunione con il tuo team, discutendo strategie per il prossimo trimestre, e vuoi promuovere un approccio fresco e creativo senza imporre idee specifiche dall'alto.

Applicazione del linguaggio vago: Per ispirare l'innovazione e favorire la partecipazione attiva del tuo team, decidi di presentare l'obiettivo in modo aperto. Durante la riunione, dici: *"Il nostro obiettivo è migliorare la soddisfazione del cliente attraverso miglioramenti innovativi. Mi piacerebbe che tutti pensassimo a diversi modi per ridefinire la nostra interazione con i clienti, così da rendere la loro esperienza eccezionale."*

Utilizzando l'espressione *"miglioramenti innovativi"*, lasci volutamente il termine non definito per permettere a ciascun membro del team di interpretare cosa significhi innovazione nel proprio contesto. Questo non solo apre un ampio campo per l'immaginazione e l'iniziativa personale, ma riduce anche le possibilità di restrizione legate a idee preconcette o limitanti che spesso accompagnano istruzioni più specifiche.

Processo di pensiero del team: Motivati dalla sfida aperta, i membri del team iniziano a riflettere su diversi approcci, dall'ottimizzazione dell'interfaccia utente dei servizi online alla personalizzazione delle interazioni con i clienti. Ogni membro apporta idee basate sulla propria esperienza e competenze, portando a un brainstorming ricco e diversificato. Questo non solo favorisce un senso di appartenenza e impegno verso le soluzioni proposte, ma promuove anche una collaborazione più stretta e uno spirito di squadra.

Risultato: La riunione culmina con una varietà di proposte creative e decidi di formare piccoli gruppi per approfondire ogni idea. Questo non solo massimizza il potenziale di trovare soluzioni davvero innovative ed efficaci, ma assicura anche che tutti i membri del team si sentano valorizzati e ascoltati. L'approccio aperto e vago dell'obiettivo iniziale ha facilitato un ambiente in cui la creatività e la collaborazione possono prosperare.

Questo esempio dimostra come l'uso strategico del linguaggio vago nella leadership non solo possa stimolare la creatività e la partecipazione, ma anche rafforzare la dinamica del team e l'efficacia nella risoluzione dei problemi. Permettendo ai membri del team di definire e cercare l'innovazione nei propri termini, si incoraggia un impegno più profondo e si potenzia l'efficacia delle soluzioni generate collettivamente.

Esempio in una conversazione quotidiana

Contesto: Immagina di essere a casa con la tua famiglia, pianificando il prossimo fine settimana. Ci sono diverse attività e compiti che potrebbero piacere a tutti, ma vuoi anche assicurarti che ogni membro della famiglia si senta coinvolto e abbia l'opportunità di fare qualcosa che gli piace.

Applicazione del linguaggio vago: Invece di proporre un piano specifico o assegnare compiti concreti, decidi di adottare un approccio più aperto per incoraggiare la partecipazione. Durante la cena, dici: *"Questo fine settimana potremmo fare qualcosa di speciale che piaccia a tutti. Cosa ne pensate di pensare a qualche attività che ci piacerebbe fare insieme?"*

La frase *"qualcosa di speciale che piaccia a tutti"* è volutamente vaga e aperta all'interpretazione. Questo permette a ciascun membro della famiglia di immaginare e suggerire attività che personalmente considera divertenti o arricchenti. Potrebbe trattarsi di andare in un parco divertimenti, visitare un museo o semplicemente guardare film a casa.

Processo di pensiero della famiglia: Ascoltando la proposta, ogni membro della famiglia inizia a pensare ad attività che personalmente troverebbe piacevoli, ma considera anche ciò che potrebbe piacere agli altri. La madre suggerisce una visita allo zoo locale perché sa che ai bambini piacciono gli animali, mentre il figlio maggiore propone un pomeriggio di giochi da tavolo, ricordando quanto fosse divertente l'ultima volta che hanno giocato insieme.

Risultato: La conversazione si trasforma in un brainstorming collaborativo in cui tutti contribuiscono e si sentono ascoltati. Alla fine, decidono di combinare le idee: trascorreranno la mattina allo zoo e il pomeriggio giocando a giochi da tavolo a casa. Questo piano non solo assicura che ci sia qualcosa per cui ciascuno attende con impazienza, ma rafforza anche i legami familiari, lavorando insieme alla pianificazione.

Questo esempio mostra come l'uso del linguaggio vago in una conversazione quotidiana possa essere uno strumento potente per promuovere l'inclusione e la cooperazione. Permettendo a ciascun membro della famiglia di interpretare e contribuire al piano in base ai propri interessi e prospettive, si crea un ambiente di collaborazione e comprensione reciproca. Questo non solo rende l'attività pianificata più piacevole per tutti, ma rafforza anche la comunicazione e la relazione tra i membri della famiglia.

CONSIGLI PER UTILIZZARE IL LINGUAGGIO VAGO IN MODO EFFICACE

1. Usa un linguaggio vago per invitare all'interpretazione personale

Per favorire un'interpretazione personalizzata del messaggio, il linguaggio vago è uno strumento potente che consente agli ascoltatori di adattare ciò che sentono alle proprie esperienze e aspirazioni. Scegliendo termini aperti e frasi meno specifiche, offri al pubblico l'opportunità di completare il messaggio con i propri pensieri, esperienze e bisogni. Questo può far sì che il messaggio risuoni in modo più significativo, poiché ogni ascoltatore può interpretarlo dalla propria prospettiva unica.

Ad esempio, invece di fornire un dato concreto come *"Questa strategia ci aiuterà a ridurre i costi del 20%,"* potresti optare per *"Questa strategia potrebbe darci risultati positivi in molte aree."* Questo approccio porta l'ascoltatore a chiedersi: *"In quali aree potrebbe beneficiarmi?"* o *"Quali risultati positivi potrei ottenere io?"* incentivando un coinvolgimento mentale attivo nel processo.

Inoltre, quando utilizzi espressioni come *"Potremmo vedere un impatto significativo"* o *"Questo ha il potenziale per aprire molte porte,"* introduci un tipo di ambiguità che invita ciascuno a visualizzare il proprio successo o beneficio. Questo non solo crea una connessione più profonda e personalizzata con il messaggio, ma aumenta anche la motivazione, poiché ogni destinatario proietta nel messaggio ciò che più apprezza.

L'uso di questo tipo di linguaggio può essere particolarmente efficace in contesti di leadership, coaching o marketing, dove desideri che ogni membro del pubblico si senta parte di una visione generale. Il linguaggio vago, aprendo spazio per interpretazioni individuali, favorisce un impegno più autentico, poiché ciascuna persona adatta il messaggio alla propria situazione, generando una risonanza emotiva e mentale che va oltre i dati specifici.

2. Usa parole e frasi ampie che puntano a possibilità

L'uso di parole e frasi ampie, come *"forse," "alcuni trovano,"* e *"per molti,"* consente agli ascoltatori di proiettare le proprie aspettative ed esperienze nel messaggio. Questo tipo di linguaggio apre uno spazio in cui l'ascoltatore può esplorare senza sentirsi limitato o sotto pressione per ottenere un risultato specifico, generando un ambiente di curiosità e scoperta personale. Suggerendo possibilità invece di affermazioni definitive, inviti il pubblico a considerare come potrebbe beneficiare, stimolando una connessione naturale e autentica con il messaggio.

Ad esempio, proponendo un miglioramento delle prestazioni, potresti dire: *"Molti trovano che provare nuovi metodi porti piacevoli sorprese."* Questo approccio suggerisce un potenziale positivo, senza costringere l'ascoltatore a immaginare un risultato predeterminato. Sentendo che *"molti trovano"* un beneficio, ciascuno è libero di chiedersi: *"Come potrebbe essermi utile?"* o *"Quale sorpresa piacevole potrei trovare io?"*

Questa strategia è particolarmente potente in contesti di vendita, coaching e sviluppo personale, dove si desidera che le persone siano motivate a scoprire le proprie risposte. Inoltre, l'uso di parole ampie permette a ciascun ascoltatore di sentirsi parte di una comunità più ampia, sapendo che *"anche altri trovano"* benefici in un percorso simile. Questo tipo di linguaggio favorisce un ambiente di apertura ed esplorazione, permettendo a ciascun ascoltatore di personalizzare l'esperienza e adottare il messaggio con maggiore ricettività e coinvolgimento.

3. Collega idee astratte per ridurre la resistenza al messaggio

Il linguaggio vago può essere particolarmente utile quando l'argomento è delicato o il destinatario potrebbe reagire in modo difensivo. Collegare idee astratte crea una barriera morbida tra il messaggio e l'ascoltatore, permettendogli di interpretare il contenuto senza sentirsi attaccato o criticato direttamente. Usando frasi ampie e meno specifiche, l'ascoltatore può elaborare il messaggio come un suggerimento generale piuttosto che come una critica personale, riducendo la possibilità di resistenza emotiva e aprendo la porta a una maggiore ricettività.

Ad esempio, invece di dire *"Devi migliorare in quest'area,"* potresti esprimere *"A volte, alcuni scoprono che concentrarsi su nuovi aspetti può portare a risultati inaspettati."* Formulandolo in questo modo, dai all'ascoltatore lo spazio per auto-valutarsi e considerare il valore del messaggio senza sentirsi sotto attacco. La frase *"alcuni scoprono"* introduce il cambiamento come una possibilità generale, lasciando che l'ascoltatore decida se il suggerimento si applica alla sua situazione.

Inoltre, questo approccio promuove una sensazione di scoperta personale. Invece di percepirlo come un obbligo imposto, il messaggio viene vissuto come un invito a esplorare un'opportunità di crescita. Così, l'ascoltatore può interiorizzare l'idea come un apprendimento proprio, aumentando la probabilità di una risposta positiva. Questo metodo è ideale nei contesti di feedback, leadership e coaching, dove sensibilità e rispetto per il destinatario sono essenziali per una comunicazione efficace e rispettosa.

4. Crea immagini mentali senza specificare dettagli concreti

Il linguaggio vago risulta particolarmente potente per stimolare l'immaginazione e permettere all'ascoltatore di personalizzare l'esperienza. Utilizzando metafore aperte o descrizioni non specifiche, offri una tela bianca su cui il destinatario può proiettare le proprie aspirazioni, desideri o emozioni, creando una connessione emotiva più profonda con il messaggio. Questo approccio è ideale quando vuoi che l'ascoltatore adotti una visione positiva o ispiratrice senza imporgli un'interpretazione fissa.

Ad esempio, invece di dettagliare un obiettivo specifico, potresti dire: *"Immagina di trovarti in un luogo dove le tue idee fioriscono e ti senti ispirato."* Questa frase invita l'ascoltatore a costruire un'immagine mentale personale, facendo sì che il messaggio risuoni in modo unico e significativo. Non specificando il luogo o i dettagli di *"le idee fioriscono,"* lasci che ciascuno visualizzi una scena che si allinea con le proprie esperienze e desideri, permettendo loro di interpretare la metafora in modo che abbia senso per loro.

Questo approccio stimola il pensiero creativo e riduce la possibilità di resistenza, poiché non implica istruzioni o limitazioni. L'assenza di dettagli concreti consente al messaggio di adattarsi naturalmente alla realtà di ciascuno, facilitando un'accettazione più autentica. Questo tipo di linguaggio è particolarmente utile in contesti di motivazione, coaching e presentazioni, dove si cerca di ispirare il pubblico a visualizzare uno stato desiderabile e a connettersi emotivamente con il messaggio in modo unico e significativo.

5. Accompagna il linguaggio vago con tono e gesti che suggeriscano accettazione e apertura

La comunicazione non verbale è essenziale per potenziare l'impatto del linguaggio vago, poiché questo tipo di comunicazione è tanto visiva e uditiva quanto verbale. Accompagnare le parole con un tono calmo e gesti morbidi e ricettivi genera un'atmosfera di fiducia che permette all'ascoltatore di percepire il messaggio come un suggerimento amichevole, non come un'imposizione. Questo approccio facilita la ricezione del messaggio senza resistenza e aiuta l'interlocutore a sentirsi valorizzato e privo di pressioni.

Ad esempio, parlando di un potenziale miglioramento nel lavoro di squadra, potresti dire: "*Alcune persone scoprono che fare piccoli aggiustamenti fa una grande differenza nei loro progetti,*" accompagnando il messaggio con un tono pacato e un leggero sorriso. Questo approccio non verbale completa il messaggio, trasmettendo accettazione e disponibilità ad ascoltare le idee del destinatario senza forzarlo ad accettare alcuna proposta. Puoi anche utilizzare un linguaggio del corpo che inviti alla partecipazione, come annuire leggermente mentre parli o mantenere le mani aperte e in una posizione rilassata.

Questo uso del tono e dei gesti diventa particolarmente prezioso in contesti in cui si cerca empatia o risoluzione di conflitti, come mediazioni o negoziazioni, poiché riduce la pressione e incoraggia l'apertura del destinatario. Combinando parole vaghe con una comunicazione non verbale amichevole, l'ascoltatore tende a sentirsi più sicuro e disposto a esplorare le idee proposte, facilitando la collaborazione e la costruzione di un ambiente più positivo e costruttivo.

6. Offri esempi generici o casi anonimi per ispirare senza pressione

L'uso di esempi generici o casi anonimi permette all'ascoltatore di relazionarsi con la situazione senza sentirsi giudicato o preso di mira. Questo è particolarmente utile in situazioni in cui sono in gioco l'autopercezione o il cambiamento di abitudini, poiché facilita una riflessione personale senza resistenza. Invece di rivolgere un messaggio diretto e personale, utilizzare un esempio come *"Alcune persone scoprono che strutturare le loro giornate aiuta a svolgere le attività in modo più fluido"* apre uno spazio per permettere al destinatario di considerare il suggerimento senza sentirsi sotto pressione.

Presentando esempi generici, il messaggio risulta più delicato ed empatico, aiutando il destinatario a esplorare la possibilità di cambiamento in un clima di accettazione. Inoltre, parlando di *"alcune persone"* o *"certe situazioni"*, l'ascoltatore può interpretare il messaggio attraverso le proprie esperienze, connettendosi al contenuto in modo più libero e personalizzato. Ad esempio, affrontando il tema dell'organizzazione personale, potresti dire: *"Molti scoprono che, strutturando il proprio tempo in modo flessibile, si sentono meno sotto pressione e più produttivi."*

Questo approccio ispira all'azione senza provocare reazioni difensive e consente all'ascoltatore di valutare l'idea in base alla propria situazione. In contesti come il coaching o l'orientamento professionale, questa tecnica può essere particolarmente efficace per invitare alla riflessione senza imporre soluzioni, generando un cambiamento autentico che nasce da un'interpretazione personale anziché da una pressione esterna.

7. Lascia spazio alla riflessione usando domande ampie e aperte

Le domande ampie e aperte invitano l'ascoltatore a esplorare il messaggio dalla propria prospettiva, consentendogli di elaborare le informazioni in modo autentico e personalizzato. Invece di esercitare pressione con una domanda chiusa come *"Perché non consideri questo consiglio?"*, optare per un'apertura come *"In che modo pensi di poter integrare questa idea nella tua vita?"* aiuta l'interlocutore a riflettere senza sentirsi obbligato a giustificare la propria risposta. Questo approccio favorisce un'esplorazione onesta e naturale, lasciando spazio per connettere valori e obiettivi personali con il messaggio.

Offrendo un invito alla riflessione, il comunicatore concede margine affinché il destinatario possa considerare come il consiglio possa adattarsi in modo unico alla propria vita, rafforzando l'autonomia nel processo decisionale. Invece di sentirsi spinto verso una conclusione specifica, l'ascoltatore esplora il messaggio con apertura, percependolo come un'opzione che ha scelto di valutare autonomamente.

Questo tipo di domande riduce anche la resistenza, poiché l'ascoltatore diventa protagonista della conversazione, senza la pressione di un'istruzione diretta. Inoltre, quando una persona arriva a una conclusione attraverso il proprio ragionamento, è più probabile che si impegni sinceramente con l'idea. In contesti come il coaching, l'insegnamento o persino nelle discussioni di squadra, questo approccio di domande aperte permette che il messaggio si sviluppi in modo naturale, favorendo un dialogo costruttivo e una comprensione più profonda del tema trattato.

8. Evita l'uso di dettagli tecnici per lasciare l'interpretazione aperta

Il linguaggio vago diventa particolarmente potente quando omette dettagli tecnici che potrebbero limitare l'interpretazione del messaggio. Optando per una comunicazione meno tecnica e più accessibile, il messaggio diventa adattabile e rilevante per una varietà di contesti e tipi di pubblico. Invece di approfondire un'analisi specifica, espressioni come *"Esistono diversi modi per affrontare questa situazione da angolazioni differenti"* invitano il destinatario a interpretare l'idea in base al proprio ambiente e alle proprie conoscenze. Questa apertura favorisce un'accoglienza più flessibile del messaggio, evitando di imporre limitazioni che potrebbero risultare irrilevanti o confuse.

Omettere dettagli specifici previene anche la possibilità di alienare l'ascoltatore se non ha familiarità con la terminologia o i concetti tecnici. Questo è particolarmente utile in conversazioni interdisciplinari, dove le persone possono avere livelli di esperienza o aree di competenza diverse. Evitando tecnicismi, il messaggio diventa una tela bianca che il destinatario può riempire con la propria esperienza, aumentando la probabilità che l'idea risuoni in modo più profondo e personale.

In questo modo, il messaggio si trasforma in un invito inclusivo che consente a ciascun ascoltatore di trovare un significato e un'applicazione che si adattino alla propria realtà. Questa tecnica è particolarmente preziosa in contesti di leadership, mediazione e orientamento, dove è fondamentale costruire ponti di comprensione senza imporre strutture rigide, permettendo all'ascoltatore di coinvolgersi e personalizzare il messaggio in base alla propria situazione e contesto.

9. Integra frasi con condizioni o possibilità per ridurre la rigidità del messaggio

L'uso di espressioni condizionali e possibilità apre il messaggio all'interpretazione senza imporre un'aspettativa fissa o una pressione implicita sul destinatario. Incorporare frasi come *"è possibile che," "spesso si osserva,"* o *"in alcuni casi,"* crea un'atmosfera di apertura che permette all'ascoltatore di esplorare il suggerimento senza sentirsi obbligato a impegnarsi immediatamente. Ad esempio, invece di affermare in modo categorico *"Questo ti sarà utile,"* un'alternativa come *"Per molte persone, questo diventa qualcosa di prezioso nel tempo"* offre l'opportunità di accettare il suggerimento al proprio ritmo e secondo i propri termini.

Questo approccio è particolarmente utile in conversazioni delicate o in contesti di consulenza, poiché le affermazioni condizionali presentano le idee come un'opzione possibile anziché come un obbligo. L'ambiguità insita in queste espressioni riduce la percezione di giudizio o pressione e consente al destinatario di sperimentare l'idea autonomamente. Evitando un approccio assoluto, si facilita un'esplorazione personale e indipendente, creando uno spazio in cui l'ascoltatore si sente a proprio agio nel prendere una decisione.

Inoltre, queste espressioni possono promuovere una riflessione più profonda, poiché le frasi condizionali invitano l'ascoltatore a considerare come il suggerimento potrebbe adattarsi alla propria vita, anziché percepirlo come una verità universale. Questo aumenta la probabilità che la persona prenda in considerazione il messaggio senza sentirsi intrappolata da uno standard rigido, rafforzando il valore della comunicazione aperta e flessibile nella costruzione di una relazione collaborativa e rispettosa.

10. Favorisci la partecipazione emotiva lasciando il risultato aperto

Il linguaggio vago con un risultato aperto consente al destinatario di coinvolgersi emotivamente, invitandolo a immaginare e costruire la propria esperienza con l'idea proposta. Evitando di prevedere un esito specifico, si crea uno spazio in cui l'ascoltatore può proiettarsi nel processo in modo personale e autentico. Invece di una dichiarazione concreta come *"Questo progetto ti darà grandi risultati,"* una frase più aperta come *"Alcune persone scoprono che, man mano che avanzano, il processo porta risultati che non immaginavano"* lascia l'esito all'interpretazione dell'ascoltatore, che può connettere il messaggio ai propri desideri e aspettative.

Questo tipo di approccio genera un'aspettativa positiva senza imporre uno standard rigido. Non definendo con precisione il risultato, l'ascoltatore si sente libero di anticipare il proprio tipo di successo o soddisfazione, aumentando la ricettività al messaggio e favorendo una motivazione interna. Le frasi aperte stimolano anche l'immaginazione del destinatario, che probabilmente visualizzerà il meglio della situazione proposta e svilupperà una connessione più forte con l'idea, sentendo che le proprie emozioni ed esperienze personali sono parte integrante della narrazione.

Questa tecnica è particolarmente efficace in contesti motivazionali o ispirazionali, dove l'obiettivo è mantenere l'ascoltatore concentrato sul processo e sulla scoperta. Aprendo le porte a diverse possibilità, il messaggio diventa più inclusivo e adattabile a diverse aspettative, permettendo a ciascuno di attribuirgli un significato unico e personale. In questo modo, si ottiene una partecipazione emotiva profonda e aumenta la probabilità che il destinatario faccia proprio il messaggio, integrandolo nel proprio percorso, e sia più disposto a esplorare le opportunità suggerite dall'idea.

ESERCIZI PER PRATICARE LA CREAZIONE DI LINGUAGGIO VAGO

Esercizio 1: Descrizione vaga di oggetti

Obiettivo: Praticare la generazione di descrizioni vaghe che stimolino l'immaginazione e favoriscano il pensiero creativo.

Istruzioni:

1. **Selezione di oggetti:**
2. Scegli cinque oggetti quotidiani intorno a te. Cerca di selezionare oggetti di diverse categorie per diversificare l'esercizio. Ad esempio, un utensile da cucina, un oggetto personale, un dispositivo elettronico, un elemento decorativo e uno strumento.
3. **Sviluppo di descrizioni vaghe:**

4. Per ciascun oggetto, pensa a come potresti descriverlo senza menzionare il nome o la funzione evidente.
5. Usa metafore, confronti o descrizioni che si concentrino sull'esperienza sensoriale o emotiva legata all'uso dell'oggetto.
6. Ad esempio, invece di dire *"libro,"* potresti descriverlo come *"un portale verso mondi sconosciuti che puoi tenere tra le mani."*
7. **Esempi di descrizioni per l'esercizio:**
8. **Utensile da cucina (es. apriscatole):** *"Uno strumento che libera tesori nascosti all'interno di fortezze metalliche."*
9. **Oggetto personale (es. orologio):** *"Un guardiano del tempo che si avvolge intorno al tuo polso, scandendo il ritmo della tua giornata."*
10. **Dispositivo elettronico (es. telefono):** *"Uno specchio magico che ti permette di parlare con voci lontane e vedere volti dimenticati."*
11. **Elemento decorativo (es. pianta):** *"Un soffio di vita che cresce in silenzio, aggiungendo un tocco di natura al tuo spazio."*
12. **Strumento (es. martello):** *"Uno strumento di trasformazione, capace di plasmare ciò che è solido con un semplice colpo deciso."*
13. **Riflessione e discussione:**
14. Dopo aver creato le descrizioni, condividile con amici o familiari senza rivelare di quale oggetto si tratta. Chiedi loro di indovinare e discuti come ogni descrizione abbia portato a interpretazioni diverse.
15. Rifletti su come il processo di descrivere in modo vago abbia cambiato la tua percezione degli oggetti quotidiani.

Risultato atteso:

Questo esercizio non solo migliora la capacità di usare il linguaggio vago in modo efficace, ma stimola anche la creatività e offre una nuova prospettiva su come vediamo e descriviamo il mondo che ci circonda. La partecipazione di altri nel processo di indovinare fornisce un feedback prezioso sulla chiarezza e l'efficacia delle tue descrizioni, perfezionando la tua abilità di comunicare in modo indiretto e creativo.

Esercizio 2: Conversazioni aperte

Obiettivo: Utilizzare il linguaggio vago per incoraggiare dialoghi più aperti, partecipativi e creativi durante le interazioni quotidiane.

Istruzioni:

1. **Preparazione:**
2. Scegli diversi contesti in cui normalmente interagisci, come riunioni di famiglia, conversazioni con amici o discussioni sul lavoro.
3. Prepara una lista di domande comuni che poni in queste situazioni e rifletti su come potresti riformularle per renderle più aperte e meno specifiche.
4. **Implementazione:**
5. Sostituisci domande chiuse e specifiche con versioni più aperte e vaghe. Ad esempio, invece di chiedere *"Cosa vuoi per cena?"* prova con *"Che tipo di sapori ti ispirano per cena?"* o *"Che atmosfera ti piacerebbe creare per cena questa sera?"*
6. Applica questa tecnica in almeno tre conversazioni diverse ogni giorno, cercando di coprire vari argomenti.
7. **Esempi di domande per praticare:**
8. **In famiglia:** Invece di *"Andiamo al parco domani?"* chiedi *"Che tipo di attività all'aperto ti piacerebbe fare questo fine settimana?"*

9. **Con amici:** Cambia *"Guardiamo un film stasera?"* con *"Che tipo di storie hai voglia di esplorare stasera?"*
10. **Sul lavoro:** Al posto di *"Puoi completare questo rapporto per domani?"* prova con *"Come pensi di organizzare il tuo lavoro per avanzare sul rapporto?"*
11. **Osservazione e riflessione:**
12. Nota come le persone rispondono alle domande vaghe rispetto a quelle dirette. Presta attenzione se diventano più espressive, condividono più dettagli o sembrano apprezzare di più la conversazione.
13. Rifletti alla fine di ogni giornata su come il cambiamento nello stile delle tue domande abbia influenzato la dinamica della conversazione. Hai notato maggiore apertura o creatività? Come ti sei sentito durante l'interazione?
14. **Discussione e feedback:**
15. Se possibile, dopo aver utilizzato questo approccio, discuti con i tuoi interlocutori su come si sono sentiti rispetto alle conversazioni. Questo può fornirti un feedback prezioso sull'impatto del linguaggio vago nella comunicazione e aiutarti a perfezionare ulteriormente le tue tecniche.

Risultato atteso:

Questo esercizio mira a sviluppare la tua capacità di facilitare conversazioni più ricche e partecipative utilizzando il linguaggio vago. Porre domande aperte incoraggia gli altri a esplorare e condividere i propri pensieri in modo più ampio e creativo, arricchendo significativamente le interazioni sociali e professionali.

Esercizio 3: Scenari ipotetici

Obiettivo: Sviluppare la capacità di utilizzare il linguaggio vago in modo efficace nella pianificazione e nella risoluzione dei problemi, incoraggiando la creatività e la partecipazione nel processo decisionale.

Istruzioni:

1. **Selezione di scenari:**
2. Scegli due contesti diversi: uno personale, come l'organizzazione di un evento familiare o sociale, e uno professionale, come la risoluzione di un problema sul lavoro.
3. Definisci brevemente lo scenario e ciò che deve essere risolto o pianificato.
4. **Creazione di descrizioni vaghe:**
5. Per ogni scenario, formula diverse dichiarazioni o domande che utilizzino un linguaggio vago. Ad esempio, in un contesto lavorativo dove è necessario migliorare la produttività, potresti dire: *"Quali cambiamenti potremmo implementare per ottimizzare il nostro tempo e le risorse in modo più efficace?"*
6. In un evento sociale, potresti chiedere: *"Come potremmo organizzare questo evento per garantire che tutti gli ospiti vivano un'esperienza memorabile?"*
7. **Esempi di applicazione:**
8. **Evento familiare:** *"Considerando i gusti diversi dei nostri ospiti, quali attività potrebbero piacere a tutti?"*
9. **Problema sul lavoro:** *"Esistono approcci innovativi che non abbiamo ancora considerato per ottimizzare il nostro flusso di lavoro?"*
10. **Implementazione e discussione:**
11. Presenta le tue idee vaghe a un gruppo di persone coinvolte in ogni scenario, come la tua famiglia o il tuo team di lavoro. Invitali a discutere ed espandere le tue proposte.
12. Osserva come l'introduzione del linguaggio vago influenza la discussione. Nota se le risposte sono più creative o se i partecipanti si sentono più liberi di proporre idee fuori dagli schemi tradizionali.

13. **Riflessione e adattamento:**
14. Dopo la discussione, rifletti su come il linguaggio vago abbia influenzato la dinamica del gruppo e la qualità delle soluzioni proposte.
15. Valuta quali aggiustamenti potresti fare nel tuo uso del linguaggio vago per migliorare ulteriormente la partecipazione e la generazione di idee nelle future sessioni.

Risultato atteso:

Questo esercizio mira non solo a migliorare la tua capacità di utilizzare il linguaggio vago in modo strategico, ma anche a dimostrare come questo possa essere una risorsa per sbloccare il potenziale creativo e favorire un senso di collaborazione e partecipazione nel processo decisionale. Alla fine dell'esercizio, dovresti essere in grado di valutare e adattare il tuo approccio per massimizzare i benefici del linguaggio vago in vari contesti.

Esercizio 4: Riflessione personale

Obiettivo: Analizzare l'impatto del linguaggio vago sulle tue percezioni e decisioni per comprendere meglio come utilizzarlo efficacemente nella comunicazione.

Istruzioni:

1. **Identificazione della situazione:**
2. Ricorda una conversazione recente in cui qualcuno ha utilizzato un linguaggio vago con te. Può trattarsi di qualsiasi contesto, come il lavoro, la casa o un'attività sociale.
3. **Analisi dettagliata:**
4. Descrivi brevemente la situazione. Chi ha usato il linguaggio vago? Qual era l'argomento della conversazione?
5. Riporta ciò che è stato detto. Cerca di ricordare le frasi vaghe utilizzate e come sono state presentate.

6. **Valutazione della risposta:**
7. Rifletti su come hai interpretato le dichiarazioni vaghe. Quali pensieri ed emozioni hai provato in risposta a ciò che è stato detto?
8. Analizza la tua reazione. Ti sei sentito confuso, ispirato, motivato o frustrato? Perché pensi di aver reagito in quel modo?
9. **Applicazione personale:**
10. Pensa a come potresti usare un approccio simile nelle tue interazioni. Identifica situazioni specifiche in cui il linguaggio vago potrebbe essere utile.
11. Formula esempi di come potresti implementare strategicamente il linguaggio vago per influenzare positivamente gli altri. Ad esempio, invece di dare un'istruzione diretta a un collega, potresti proporre un obiettivo aperto che gli consenta di trovare autonomamente una soluzione.
12. **Pianificazione dell'implementazione:**
13. Scrivi un breve piano su come intendi utilizzare il linguaggio vago nelle prossime settimane. Definisci obiettivi specifici che speri di raggiungere con questo approccio.
14. Considera come misurerai il successo nell'uso del linguaggio vago. Quali indicatori di risposta cercherai nelle reazioni degli altri?

Risultato atteso:

Questo esercizio ti aiuterà a comprendere più a fondo come il linguaggio vago influisce sulla comunicazione e sulla presa di decisioni. Riflettendo sulle tue esperienze e pianificando il suo utilizzo futuro, non solo migliorerai le tue competenze comunicative, ma potrai influenzare in modo più efficace e sottile il tuo ambiente. Inoltre, questa riflessione può promuovere una maggiore empatia e comprensione su come diversi stili comunicativi influenzano le persone, rafforzando le tue relazioni personali e professionali.

Esercizio 5: Riformulazione con linguaggio vago

Obiettivo: Sviluppare la capacità di applicare il linguaggio vago nei testi informativi, valutando il suo impatto sulla percezione e la ricettività dei lettori.

Istruzioni:

1. **Selezione del testo:**
2. Scegli un breve testo informativo che descriva chiaramente un prodotto o un servizio. Può trattarsi di un manuale utente, una descrizione di prodotto su un sito di e-commerce o una brochure pubblicitaria.
3. **Riformulazione del testo:**
4. Leggi il testo originale e annota i punti chiave comunicati in modo diretto e specifico.
5. Riformula il testo utilizzando un linguaggio vago. Cerca di trasformare descrizioni specifiche in affermazioni più generiche e aperte. Ad esempio, se il testo originale dice *"Questo telefono ha una fotocamera da 12 megapixel"*, potresti riformularlo in *"Questo telefono è progettato per catturare immagini di qualità sorprendente."*
6. **Esempio di riformulazione:**
7. **Testo originale:** *"Il nostro frullato contiene 300 calorie ed è fatto con ingredienti biologici, tra cui banane, fragole e yogurt greco."*
8. **Testo riformulato:** *"Goditi il nostro frullato nutriente, perfetto per una carica di energia naturale, realizzato con una selezione di ingredienti freschi e salutari."*
9. **Confronto della ricettività:**
10. Condividi entrambi i testi (originale e riformulato) con un gruppo di amici, familiari o colleghi senza rivelare quale sia quale.

11. Chiedi a ciascuna persona di commentare come percepiscono ogni testo. Quale sembra più attraente o interessante? Come descrivono la sensazione lasciata da ciascuna descrizione?
12. **Analisi e riflessione:**
13. Analizza le risposte e osserva se c'è una differenza significativa nella ricettività tra il testo originale e quello riformulato.
14. Rifletti su come il linguaggio vago influenzi la curiosità e l'interesse del lettore. Considera le implicazioni di questo stile comunicativo in diversi contesti di marketing e pubblicità.

Risultato atteso:

Questo esercizio ti permetterà di osservare come la riformulazione di un testo descrittivo diretto in uno con linguaggio vago possa modificare il modo in cui i destinatari interagiscono con il contenuto. L'obiettivo è sviluppare una comprensione di come il linguaggio vago possa essere utilizzato per rendere le informazioni più attraenti o intriganti, aumentando potenzialmente l'interesse e il coinvolgimento del lettore. Inoltre, ti aiuterà a perfezionare le tue abilità di scrittura e comunicazione, rendendo i tuoi testi più adattabili e in sintonia con il pubblico di riferimento.

CAPITOLO 3
NOMINALIZZAZIONI

Le nominalizzazioni sono uno strumento essenziale nell'arsenale di qualsiasi comunicatore persuasivo, poiché permettono di trasformare verbi e processi in nomi o concetti astratti. Questo cambiamento linguistico sposta il focus dall'azione al risultato o al concetto, facendo sì che il discorso venga percepito come meno diretto e, di conseguenza, meno conflittuale. Ad esempio, cambiare il verbo *"decidere"* in *"decisione"* o *"migliorare"* in *"miglioramento"* non solo affina la comunicazione, ma incoraggia anche gli ascoltatori a interpretare il messaggio all'interno del proprio quadro di riferimento, permettendo una discussione più ampia e aperta.

Questo approccio di trasformare le azioni in entità facilita la comunicazione in contesti in cui si cerca consenso o accettazione generale. Astrarre le azioni riduce al minimo il confronto diretto e invita gli interlocutori a partecipare a una conversazione che valorizza l'interpretazione personale e il contributo individuale. Questo è particolarmente prezioso in contesti professionali e nelle negoziazioni, dove è necessario tatto e una strategia attenta per gestire diverse prospettive e raggiungere obiettivi comuni.

Inoltre, le nominalizzazioni offrono una flessibilità unica nell'interpretazione dei messaggi. Presentando idee in modo meno specifico e più aperto, i destinatari del messaggio sono liberi di collegare quei concetti alle proprie esperienze e conoscenze, favorendo una maggiore connessione emotiva e cognitiva con il contenuto. Questo processo consente agli ascoltatori di costruire le proprie narrazioni attorno al tema discusso, il che può portare a un coinvolgimento più profondo e significativo con le idee presentate.

Tuttavia, l'uso delle nominalizzazioni non è privo di sfide. Sebbene possano rendere la comunicazione più inclusiva e meno diretta, possono anche introdurre un livello di ambiguità che non sempre è auspicabile. In contesti tecnici o legali, ad esempio, dove precisione e chiarezza sono fondamentali, un uso eccessivo di nominalizzazioni potrebbe portare a fraintendimenti e complicazioni. È quindi essenziale bilanciare l'astrazione con la necessità di chiarezza e specificità.

Inoltre, le nominalizzazioni, spostando l'attenzione dalle azioni ai concetti, possono diluire l'impulso verso l'azione diretta. In situazioni in cui è richiesta una risposta chiara e immediata, come nelle call to action di campagne di marketing o in istruzioni operative, l'uso delle nominalizzazioni deve essere gestito con cura per garantire che non venga persa l'urgenza o l'imperativo dell'azione.

In sintesi, le nominalizzazioni arricchiscono la comunicazione trasformando il modo in cui azioni e qualità vengono presentate all'interno di una conversazione, creando uno spazio per discussioni più riflessive e meno coercitive. Tuttavia, è fondamentale utilizzare questa tecnica con una comprensione completa dei suoi benefici e delle sue limitazioni, assicurandosi che si adatti agli obiettivi comunicativi e al contesto specifico in cui viene impiegata. Questo approccio non solo migliora l'efficacia della comunicazione, ma costruisce anche ponti di comprensione e cooperazione in una vasta gamma di contesti comunicativi.

ESEMPI DI UTILIZZO

Esempio nella gestione dei conflitti: Nominalizzazioni per depersonalizzare e risolvere le dispute

Contesto: Immagina di essere il responsabile di un dipartimento in un'azienda e di partecipare a una riunione cruciale con diversi dipartimenti che hanno avuto persistenti disaccordi su come distribuire le risorse limitate. Le tensioni sono alte e le discussioni precedenti sono state piuttosto accese, con ogni dipartimento che difende fermamente le proprie esigenze e critica le richieste degli altri.

Nominalizzazione applicata: Invece di continuare a utilizzare un linguaggio che enfatizza le azioni dirette di ciascun dipartimento, come *"ogni dipartimento sostiene di aver bisogno di più risorse"*, opti per utilizzare nominalizzazioni per concentrare la discussione sul tema piuttosto che sulle persone coinvolte. Modifichi frasi come *"discutiamo"* o *"sosteniamo"* in *"la discussione"* o *"la decisione"*.

Applicazione: All'inizio della riunione, introduci l'argomento con un approccio neutrale: *"Oggi, dobbiamo esaminare la discussione sulla distribuzione delle risorse per garantire che il nostro approccio sia equo ed efficace. È importante considerare come possiamo distribuire le risorse in modo da supportare gli obiettivi aziendali e soddisfare le esigenze fondamentali di ciascun dipartimento."*

Impatto: Questo cambiamento di linguaggio aiuta a depersonalizzare il conflitto. Parlare di *"la discussione"* anziché *"le nostre argomentazioni"* riduce il carico emotivo della conversazione. Ciò incoraggia i partecipanti a concentrarsi maggiormente sul problema da risolvere piuttosto che a difendere le proprie posizioni personali o dipartimentali. Così facendo, è più probabile che i membri della riunione adottino un atteggiamento collaborativo e siano più aperti a considerare soluzioni che non solo avvantaggiano il proprio dipartimento, ma che risultano anche giuste e pratiche per l'intera organizzazione.

Risultato: La riunione procede con un tono più costruttivo e meno conflittuale. I dipartimenti iniziano a valutare alternative creative e compromessi che in precedenza non erano disposti a considerare. Alla fine della riunione, si raggiunge un consenso su un piano di distribuzione delle risorse che bilancia meglio le esigenze di tutti, dimostrando come l'uso strategico delle nominalizzazioni possa facilitare la risoluzione dei conflitti e migliorare la collaborazione.

Questo esempio mostra in modo pratico come le nominalizzazioni possano essere uno strumento potente per leader e manager nell'affrontare dispute e tensioni interne, contribuendo a mantenere l'obiettività e a promuovere un ambiente più armonioso e produttivo.

Esempio nel marketing: Nominalizzazioni per evidenziare i benefici di un prodotto

Contesto: Immagina di essere un responsabile marketing che deve scrivere una descrizione per promuovere un nuovo prodotto. L'obiettivo è comunicare i benefici in modo coinvolgente senza essere troppo diretto o tecnico.

Nominalizzazione applicata: Invece di enfatizzare azioni specifiche come *"questo prodotto riduce il tempo di preparazione del cibo"*, decidi di concentrarti sui benefici astratti. Ad esempio, trasformi *"riduce"* in *"riduzione"* e *"facilita"* in *"facilità"*.

Applicazione: La descrizione del prodotto diventa: *"La facilità di preparazione e la riduzione del tempo in cucina permettono di godere di più momenti liberi e di pasti gustosi senza sforzo."*

Impatto: Utilizzare nominalizzazioni trasmette i benefici in modo più universale e meno vincolante. Il messaggio si concentra sull'esperienza complessiva e sui risultati desiderati piuttosto che sull'azione specifica del prodotto. Questo approccio consente al potenziale cliente di immaginare come il prodotto possa adattarsi alla propria routine e soddisfare i propri bisogni.

Risultato: La descrizione suscita maggiore interesse, poiché invita il lettore a proiettare i benefici nella propria vita quotidiana. Il cliente si concentra sull'idea di *"facilità"* e *"riduzione del tempo"*, immaginando il valore aggiunto senza sentirsi spinto a un'azione immediata o a una valutazione tecnica.

Questo esempio dimostra come le nominalizzazioni possano essere uno strumento efficace nel marketing, rendendo i benefici più tangibili e coinvolgenti attraverso l'uso di concetti astratti che parlano all'emozione e all'immaginazione del cliente.

Esempio nel marketing: Nominalizzazioni per evidenziare i benefici di un prodotto

Contesto: Immagina di essere il responsabile di un reparto in un'azienda e di partecipare a una riunione cruciale con diversi dipartimenti che hanno avuto disaccordi persistenti su come distribuire risorse limitate. Le tensioni sono alte e le discussioni precedenti sono state piuttosto accese, con ogni dipartimento che difende fermamente le proprie necessità e critica le richieste degli altri.

Nominalizzazione applicata: Invece di continuare a utilizzare un linguaggio che enfatizza le azioni dirette di ciascun dipartimento, come *"ogni dipartimento sostiene di aver bisogno di più risorse"*, decidi di usare nominalizzazioni per concentrare la discussione sul tema piuttosto che sulle persone coinvolte. Modifichi frasi come *"discutiamo"* o *"sosteniamo"* in *"la discussione"* o *"la decisione"*.

Applicazione: All'inizio della riunione, introduci l'argomento con un approccio neutrale:

"Oggi dobbiamo esaminare la discussione sulla distribuzione delle risorse per garantire che il nostro approccio sia equo ed efficace. È importante considerare come possiamo distribuire le risorse in modo da supportare gli obiettivi aziendali e soddisfare le esigenze fondamentali di ciascun dipartimento."

Impatto: Questo cambiamento di linguaggio aiuta a

depersonalizzare il conflitto. Parlare di *"la discussione"* anziché *"le nostre argomentazioni"* riduce il carico emotivo della conversazione. Ciò incoraggia i partecipanti a concentrarsi maggiormente sul problema da risolvere piuttosto che a difendere le proprie posizioni personali o dipartimentali. In questo modo, è più probabile che i membri della riunione adottino un atteggiamento collaborativo e siano più aperti a considerare soluzioni che non solo favoriscano il proprio dipartimento, ma che siano giuste e pratiche per tutta l'organizzazione.

Risultato: La riunione procede con un tono più costruttivo e meno conflittuale. I dipartimenti iniziano a valutare alternative creative e compromessi che in precedenza non erano disposti a considerare. Alla fine della riunione, si raggiunge un consenso su un piano di distribuzione delle risorse che bilancia meglio le esigenze di tutti, dimostrando come l'uso strategico delle nominalizzazioni possa facilitare la risoluzione dei conflitti e migliorare la collaborazione.

Questo esempio mostra in modo pratico come le nominalizzazioni possano essere uno strumento potente per leader e manager nell'affrontare dispute e tensioni interne, contribuendo a mantenere l'oggettività e a promuovere un ambiente più armonioso e produttivo.

Esempio nell'istruzione: Uso delle nominalizzazioni per arricchire la comprensione degli studenti

Contesto: Immagina un insegnante che affronta la sfida comune di studenti che passano molte ore a studiare senza ottenere i risultati desiderati. L'insegnante vuole spiegare l'importanza di applicare tecniche di studio efficaci, andando oltre il semplice passare tempo sui libri.

Nominalizzazione applicata: Invece di concentrarsi sul verbo *"studiare"*, l'insegnante utilizza la nominalizzazione *"lo studio"* per riferirsi al concetto nella sua totalità.

Applicazione: Durante una lezione, l'insegnante introduce il tema delle tecniche di studio efficaci dicendo:

"Lo studio efficace non riguarda solo il tempo passato sui libri, ma il modo in cui si affronta il materiale."

Con questa affermazione, cerca di aprire un dialogo sulle strategie di apprendimento che vadano oltre la semplice ripetizione e memorizzazione.

Impatto: Passando da *"studiare"* a *"lo studio"*, l'insegnante sposta la discussione dall'azione di studiare —che può implicare semplicemente leggere o memorizzare passivamente— a una visione più completa e strategica dell'apprendimento. Questo approccio aiuta gli studenti a pensare allo studio come a un processo che coinvolge comprensione, analisi e applicazione, anziché come a un'attività basata solo sul tempo dedicato.

Risultato: Gli studenti iniziano a riflettere sulle proprie abitudini di studio. Ispirati dalla discussione, molti di loro iniziano a esplorare metodi diversi, come la creazione di mappe concettuali, discussioni in gruppi di studio e l'uso di tecniche di apprendimento attivo. Questo non solo migliora il loro rendimento scolastico, ma aumenta anche la motivazione e l'interesse verso le materie di studio, poiché comprendono che *"lo studio"* è un'attività multifaccettata che richiede un approccio più dinamico e personalizzato.

Questo esempio mostra come le nominalizzazioni possano essere utilizzate efficacemente per trasformare la percezione di attività quotidiane, come lo studio, e incoraggiare gli studenti ad adottare approcci più riflessivi ed efficaci al proprio apprendimento. Concentrando la discussione sul concetto di *"lo studio"* nel suo insieme, l'insegnante facilita un cambiamento nella mentalità degli studenti, aiutandoli a valorizzare la qualità piuttosto che la quantità nel loro percorso di apprendimento.

Esempio di leadership: Promuovere l'impegno attraverso le nominalizzazioni

Contesto: Immagina un leader di squadra che affronta la sfida di mantenere il proprio team motivato e concentrato durante una fase particolarmente difficile di un progetto. Il team ha lavorato intensamente e il leader vuole rafforzare l'importanza di continuare a innovare per raggiungere gli obiettivi del progetto.

Nominalizzazione applicata: Nelle sue comunicazioni, il leader decide di utilizzare la parola *"innovazione"* invece del verbo *"innovare"*.

Applicazione: Durante una riunione cruciale con il team, il leader afferma:

"Questa fase del progetto è fondamentale per la nostra innovazione. Siamo a un punto in cui ogni nuovo approccio che adottiamo può definire il successo di tutto ciò che abbiamo costruito finora."

Impatto: Passando da *"innovare"* a *"innovazione"*, il leader riesce a focalizzare la conversazione sul risultato desiderato—l'innovazione—piuttosto che semplicemente sul processo di innovazione. Questa sottigliezza linguistica aiuta a concettualizzare l'innovazione come un obiettivo tangibile e prezioso, qualcosa che è parte integrante dell'identità e della missione del team. Parlare di *"la nostra innovazione"* rafforza anche il senso di proprietà e appartenenza tra i membri del team riguardo al successo del progetto.

Risultato: L'uso della nominalizzazione in questo contesto non solo chiarisce l'obiettivo finale, ma funge anche da potente strumento motivazionale. I membri del team percepiscono che il loro lavoro ha uno scopo più grande e stanno contribuendo a qualcosa di significativo, non solo eseguendo compiti. Questa prospettiva eleva il loro livello di impegno ed entusiasmo nel trovare soluzioni creative ed efficaci. La discussione si sposta dal compito monotono di *"innovare"* a una missione condivisa per raggiungere *"l'innovazione"*, motivando i membri a superare le sfide e lavorare insieme per raggiungere obiettivi importanti.

Questo esempio mostra come le nominalizzazioni possano essere utilizzate efficacemente nella leadership per ispirare e allineare i team agli obiettivi strategici dell'organizzazione, trasformando processi di routine in mete ispiratrici e coese.

Esempio di comunicazione familiare: Uso delle nominalizzazioni per rendere più dolci le richieste

Contesto: In ambito domestico, soprattutto nelle famiglie con bambini, i genitori spesso devono chiedere ai figli di svolgere compiti o modificare comportamenti.

Nominalizzazione applicata: Passare da *"pulire"* a *"la pulizia"*.

Applicazione: Un genitore che cerca di motivare i propri figli a mantenere in ordine la sala giochi potrebbe cambiare il proprio approccio abituale. Invece di dire *"Voglio che puliate questa sala ora"*, il genitore potrebbe dire:

"La pulizia della sala giochi è qualcosa che tutti dobbiamo prendere sul serio per godere del nostro spazio comune."

Impatto: Usare la nominalizzazione *"la pulizia"* invece del verbo *"pulire"* aiuta a depersonalizzare la richiesta. Questo può ridurre la resistenza dei bambini, poiché l'attenzione si sposta da un ordine diretto a una questione di responsabilità condivisa. Parlare di *"la pulizia"* come concetto aiuta i bambini a comprenderla come parte della routine quotidiana, non come un compito imposto solo in momenti specifici.

Risultato: Questo cambiamento nella comunicazione può favorire una maggiore cooperazione e ridurre i conflitti. I bambini iniziano a vedere la pulizia non come una richiesta temporanea, ma come parte integrante della vita in famiglia. Questo non solo migliora la risposta immediata alla richiesta, ma aiuta anche a coltivare un senso di responsabilità e collaborazione nelle faccende domestiche.

Questo esempio mostra come le nominalizzazioni possano essere utilizzate con successo in situazioni quotidiane per migliorare la comunicazione all'interno della famiglia, facendo percepire le richieste in modo meno autoritario e più come parte di uno sforzo collettivo, contribuendo così a creare un'atmosfera più armoniosa e collaborativa.

CONSIGLI PER CREARE E UTILIZZARE LE NOMINALIZZAZIONI IN MODO EFFICACE

1. Identifica i verbi chiave e trasformali in concetti aperti

Per utilizzare le nominalizzazioni in modo strategico nella comunicazione persuasiva, il primo passo è identificare quei verbi o aggettivi che rappresentano l'essenza del messaggio e trasformarli in concetti astratti. Questa pratica converte un'azione concreta, come *"raggiungere"*, in un termine più ampio e aperto, come *"raggiungimento"*, o *"superare"* in *"superamento"*. Questo cambiamento linguistico non solo attenua la forza dell'istruzione, rendendola meno direttiva, ma invita anche gli ascoltatori a elaborare il messaggio in modo più introspettivo e personale.

L'efficacia di questo approccio risiede nello spostamento dell'attenzione dall'azione specifica a un concetto generale. Questo permette a ciascun destinatario di associare il termine astratto alle proprie esperienze, valori ed aspettative. Quando ascoltano *"raggiungimento"* invece di *"raggiungere"*, gli ascoltatori possono ricordare o immaginare le proprie idee di successo, aggiungendo un elemento di personalizzazione ed emozione al messaggio.

Inoltre, questa trasformazione fa sì che il messaggio suoni meno come un ordine diretto e più come un'invito a esplorare un ideale o uno stato desiderato. Piuttosto che sentirsi obbligati ad agire in un certo modo, gli ascoltatori si sentono liberi di collegare l'idea ai propri obiettivi e aspirazioni, aumentando la predisposizione ad accogliere il messaggio. In questo modo, promuovendo una partecipazione attiva e riflessiva, la nominalizzazione rafforza l'idea di collaborazione e rispetto per l'interpretazione personale, rendendo il messaggio più inclusivo e persuasivo.

2. Enfatizza i risultati e i benefici invece delle azioni specifiche

Le nominalizzazioni sono uno strumento potente per

concentrare l'attenzione sui benefici finali senza mettere pressione sul destinatario riguardo ai passaggi specifici necessari per ottenerli. Dire *"il miglioramento dell'efficienza è fondamentale per il nostro successo"* invece di *"dobbiamo migliorare l'efficienza"* sposta l'attenzione dal *come* al *perché*. Questo evita che l'ascoltatore si senta sotto pressione per agire immediatamente e, al contrario, lo invita a immaginare il beneficio generale che quel miglioramento porterà.

Questo approccio raggiunge due obiettivi fondamentali. In primo luogo, minimizza qualsiasi resistenza all'azione eliminando la sensazione di comando o urgenza. L'ascoltatore non percepisce di ricevere un compito, ma viene presentata una visione positiva del risultato finale. In secondo luogo, consente a ciascuna persona di visualizzare il concetto di *"miglioramento"* secondo la propria interpretazione ed esperienza, favorendo una maggiore propensione a contribuire. Quando il beneficio viene presentato come uno stato desiderabile, come *"miglioramento dell'efficienza"*, i collaboratori si sentono ispirati a partecipare attivamente per raggiungerlo, non perché viene loro richiesto esplicitamente, ma perché percepiscono il valore di quell'obiettivo.

Questa tecnica è particolarmente efficace in contesti strategici e di leadership, dove si cerca di costruire una visione condivisa e a lungo termine. La nominalizzazione, in questo caso, agisce come un promemoria degli obiettivi più ampi e aspirazionali, aiutando il team a concentrarsi sul risultato collettivo piuttosto che sui compiti immediati e individuali.

3. Usa le nominalizzazioni per creare uno spazio di riflessione

Le nominalizzazioni sono particolarmente utili per favorire un ambiente di riflessione anziché incitare a una risposta immediata. Trasformare un'azione diretta in un concetto, come cambiare *"dobbiamo negoziare i termini"* in *"la negoziazione dei termini può portarci a una collaborazione più forte"*, invita gli ascoltatori a fermarsi e considerare le implicazioni dell'azione in una prospettiva più ampia. Questo utilizzo delle nominalizzazioni introduce una pausa naturale nella conversazione, permettendo a ciascun partecipante di assimilare il messaggio, valutare le proprie prospettive e visualizzare i benefici a lungo termine.

Questa tecnica è ideale per negoziazioni, sessioni di pianificazione strategica e contesti in cui il processo decisionale richiede un approccio ponderato e accurato. Strutturando il messaggio in questo modo, si riduce il rischio di reazioni automatiche o difensive. I partecipanti non sentono più la pressione di rispondere o decidere immediatamente; al contrario, l'uso di una nominalizzazione come *"la negoziazione"* consente di affrontare la situazione con un'analisi più approfondita, prendendo in considerazione aspetti che potrebbero non essere stati esplorati con un approccio diretto.

Inoltre, questo approccio migliora la qualità delle decisioni creando uno spazio mentale in cui gli ascoltatori possono valutare il tema da diverse prospettive senza fretta. Quando una conversazione strategica include nominalizzazioni, facilita la visualizzazione dei risultati e aiuta il gruppo a comprendere come la decisione si inserisce in un piano più ampio, aumentando la probabilità che le decisioni finali siano equilibrate e ben ponderate.

4. Usa le nominalizzazioni per ridurre la resistenza e promuovere la collaborazione

In contesti in cui le opinioni possono scontrarsi o le emozioni sono intense, le nominalizzazioni offrono un modo sottile per ridurre il confronto e favorire un ambiente collaborativo. Trasformare un'azione diretta in un concetto astratto, come passare da *"modificare la nostra politica"* a *"la modifica della politica"*, crea una distanza che consente di discutere l'argomento da una prospettiva neutrale e meno personale. Questo cambiamento linguistico trasforma la conversazione in un'analisi obiettiva, riducendo il rischio che i partecipanti si sentano attaccati o sotto pressione.

Le nominalizzazioni spostano l'attenzione sull'obiettivo generale, permettendo a ciascuno di partecipare al dialogo con una mentalità orientata alla collaborazione anziché alla difesa. Invece di sentirsi obbligati ad adattarsi o a difendere la propria posizione, gli ascoltatori percepiscono la discussione come un'opportunità per esplorare e costruire idee collettive. Questo approccio depersonalizza il dibattito, creando un'atmosfera in cui ogni partecipante si sente libero di condividere le proprie prospettive senza timore di apparire resistente al cambiamento.

Inoltre, questo stile di comunicazione aiuta ad attenuare le emozioni in situazioni delicate, riducendo la carica emotiva associata a determinati cambiamenti. Quando le persone sentono di partecipare a una discussione di concetti piuttosto che rispondere a una richiesta diretta, è più probabile che si sentano valorizzate e coinvolte. Ciò aumenta la loro disponibilità a collaborare e trovare soluzioni condivise. Promuovendo la collaborazione e riducendo la resistenza, le nominalizzazioni facilitano un dialogo più fluido e preparano il terreno per accordi duraturi ed efficaci.

5. Adatta il livello di astrazione in base al contesto e agli obiettivi

Il potere delle nominalizzazioni risiede nella loro capacità di adattare il livello di astrazione alle esigenze della conversazione, rendendo fondamentale valutare il contesto e gli obiettivi prima di utilizzarle. In ambienti come le riunioni di pianificazione strategica, dove i temi si concentrano su obiettivi a lungo termine e visioni future, i concetti astratti funzionano bene per ispirare e orientare senza forzare verso azioni concrete. In questo caso, una nominalizzazione come *"crescita sostenibile"* anziché *"aumentare le vendite"* può aprire la discussione a tematiche più ampie e favorire una visione condivisa.

Tuttavia, in contesti tecnici o operativi quotidiani, dove i dettagli e la precisione sono essenziali, un eccesso di astrazione può generare ambiguità e rallentare i processi. In questi casi, una nominalizzazione può risultare controproducente se non si trova un equilibrio tra chiarezza e visione d'insieme. Ad esempio, anziché parlare di *"ottimizzazione dei processi"* in una riunione operativa, potrebbe essere più efficace specificare con *"ridurre i tempi di consegna"* o *"migliorare l'efficienza produttiva"*.

Adattare il livello di astrazione al tipo di conversazione facilita una comunicazione chiara e mirata, assicurando che il messaggio sia in linea con lo scopo del dialogo. Usare nominalizzazioni in modo eccessivo o inappropriato può ostacolare la comprensione e creare malintesi, specialmente in team multidisciplinari in cui ogni membro potrebbe interpretare un concetto astratto dal proprio punto di vista professionale. Trovare l'equilibrio tra astrazione e specificità consente alle nominalizzazioni di arricchire il messaggio senza compromettere la chiarezza.

6. Usa le nominalizzazioni per depersonalizzare le critiche e concentrarti sul miglioramento

Quando è necessario fornire feedback costruttivo, l'uso delle nominalizzazioni può trasformare il tono della conversazione, attenuando l'impatto delle critiche e spostando l'attenzione sugli obiettivi comuni piuttosto che sul comportamento individuale. Questo approccio è fondamentale per evitare che il feedback venga percepito come un attacco personale, presentandolo invece come un'opportunità di crescita condivisa. Ad esempio, anziché dire *"il tuo metodo di lavoro non è efficace"*, puoi riformulare con *"l'efficacia del processo è un aspetto su cui possiamo lavorare"*. In questo modo, il messaggio viene incorniciato come un miglioramento collettivo, riducendo la probabilità di una risposta difensiva e incoraggiando una mentalità di crescita continua.

Questa tecnica è particolarmente efficace nei contesti di team, dove i progetti richiedono collaborazione e impegno. La nominalizzazione permette ai membri di concentrarsi sull'obiettivo di miglioramento, favorendo un ambiente di lavoro più rispettoso e collaborativo. Trasformare il messaggio in qualcosa di impersonale e astratto invita il destinatario a esaminare i processi e i risultati in modo più obiettivo e professionale, limitando il rischio di conflitti interpersonali.

Inoltre, presentare la critica in questo modo sposta l'attenzione dal problema alla proposta di una soluzione condivisa. Questo motiva i collaboratori a contribuire attivamente all'ottimizzazione e al miglioramento dei processi di lavoro, rafforzando la coesione del team e aumentando la predisposizione al cambiamento. Le nominalizzazioni, in questo contesto, diventano strumenti non solo per facilitare una comunicazione assertiva, ma anche per costruire una cultura di rispetto e crescita continua all'interno dell'organizzazione.

7. Mantieni la coerenza tra la nominalizzazione e il resto del messaggio

Quando utilizzi le nominalizzazioni, è essenziale che il resto del messaggio sia coerente con il concetto astratto introdotto. Questo significa che, una volta presentata un'idea in termini generali, come *"la produttività è una priorità"*, lo sviluppo successivo deve affrontare il concetto di produttività da una prospettiva ampia, evitando di passare subito a dettagli operativi. Ad esempio, potresti continuare con frasi come *"promuovere una cultura della produttività ci consente di ottenere risultati migliori nel lungo termine"*, piuttosto che dire immediatamente *"rivediamo ogni progetto quotidiano"*. Questo approccio mantiene l'ascoltatore concentrato sull'obiettivo generale del messaggio, invitandolo a riflettere sul valore della produttività senza sovraccaricarlo di istruzioni precise.

Questa coerenza è cruciale per far sì che il messaggio fluisca in modo naturale, evitando che l'ascoltatore si senta confuso o perda di vista l'obiettivo principale. Mantenendo il linguaggio in linea con il livello di astrazione scelto, aiuti l'ascoltatore a comprendere l'idea in una dimensione più ampia, stimolando un'interpretazione personale. Inoltre, questa tecnica consente alle persone di interiorizzare l'idea in modo più riflessivo, generando un impatto duraturo e incoraggiando un impegno verso il concetto, anziché focalizzarsi solo sulle azioni immediate.

Raggiungere questa coerenza facilita anche l'appropriazione del messaggio da parte del destinatario, che potrà adattarlo ai propri contesti e obiettivi. Concentrarsi sul concetto piuttosto che sulle azioni specifiche crea uno spazio di libertà interpretativa, motivando gli ascoltatori a individuare autonomamente i modi migliori per applicare l'idea, aumentando il loro coinvolgimento e la soddisfazione nei risultati.

8. Accompagna le nominalizzazioni con esempi o visualizzazioni quando necessario

Sebbene le nominalizzazioni aiutino a stabilire una prospettiva ampia e non invasiva, in contesti come riunioni informative o sessioni di formazione, può essere utile integrare il concetto astratto con esempi concreti o visualizzazioni. Questo permette agli ascoltatori di collegare l'idea generale a situazioni pratiche, facilitando una comprensione più chiara e applicabile.

Ad esempio, introducendo un concetto come *"miglioramento della comunicazione"*, potresti arricchire l'idea con una descrizione di come questo potrebbe manifestarsi in un team:

"Il miglioramento della comunicazione potrebbe riflettersi in pratiche come riunioni periodiche per allineare le aspettative o l'utilizzo di canali chiari di feedback."

In questo modo, gli ascoltatori non solo colgono l'intento generale, ma possono anche immaginare applicazioni concrete nel proprio contesto lavorativo.

Questo approccio è particolarmente utile in team con livelli di esperienza o specializzazioni diverse, poiché fornisce un quadro generale accompagnato da dettagli che rendono il concetto più tangibile. Gli esempi e le visualizzazioni ispirano gli ascoltatori a identificare scenari in cui il concetto astratto potrebbe essere applicato nei loro ruoli, favorendo un'adozione più naturale e allineata alle loro responsabilità.

9. Limita le nominalizzazioni nei messaggi di azione immediata

Sebbene le nominalizzazioni siano efficaci per trasmettere concetti ampi e incoraggiare la riflessione, possono ridurre il senso di urgenza quando è necessaria una risposta immediata o un'azione specifica. In situazioni in cui è fondamentale comunicare un'istruzione chiara e diretta, un linguaggio specifico e orientato all'azione migliora significativamente l'efficacia del messaggio.

Ad esempio, anziché dire *"la riunione con il cliente è una priorità"*, che potrebbe suonare astratto o lasciare spazio a interpretazioni, sarebbe più efficace affermare:

"È necessario incontrare il cliente domani."

Questa formulazione elimina ogni ambiguità e rende evidente che l'azione è imminente e imprescindibile.

Adattare l'uso delle nominalizzazioni al contesto assicura che il messaggio mantenga la sua forza e il suo scopo. Nelle comunicazioni in cui rapidità e precisione sono essenziali, un linguaggio diretto rafforza l'importanza del messaggio e aiuta i destinatari a comprendere immediatamente ciò che ci si aspetta da loro. Questo previene che il messaggio diventi vago o si perda tra interpretazioni diverse, garantendo una risposta chiara ed efficace.

10. Usa le nominalizzazioni per favorire un linguaggio di crescita e riflessione

Le nominalizzazioni non solo contribuiscono a creare distanza emotiva nelle conversazioni delicate, ma rappresentano anche uno strumento potente per trasmettere una mentalità orientata alla crescita e al progresso continuo. Trasformare verbi come *"apprendere"* nel sostantivo *"apprendimento"* o *"migliorare"* in *"miglioramento"* sposta l'attenzione da un'azione momentanea a un processo costante. Questo può ispirare gli ascoltatori a considerare i propri obiettivi con una prospettiva più ampia, riducendo la pressione per ottenere risultati immediati.

Scegliendo nominalizzazioni che trasmettano un'idea di crescita, crei un ambiente in cui lo sviluppo personale o professionale viene percepito come un percorso continuo piuttosto che come una meta isolata. Questo approccio è particolarmente efficace nei contesti educativi, lavorativi e di coaching, dove sottolineare l'apprendimento o il miglioramento come processi in evoluzione consente ai partecipanti di avanzare con il proprio ritmo. Ad esempio, invece di dire *"hai bisogno di migliorare in quest'area"*, optare per *"il miglioramento in quest'area è fondamentale per il nostro sviluppo collettivo"* può ridurre la resistenza e aumentare la motivazione.

Questo linguaggio di progresso continuo aiuta a ridimensionare l'ansia da prestazione, promuovendo un impegno autentico verso il processo. Gli ascoltatori non solo si sentono sostenuti, ma anche ispirati a partecipare attivamente a uno sforzo collaborativo e duraturo per la crescita comune.

ESERCIZI PER PRATICARE L'USO DELLE NOMINALIZZAZIONI

Esercizio 1: Trasformazione di base

Obiettivo: Praticare l'identificazione e la trasformazione di verbi e aggettivi in sostantivi per comprendere come le nominalizzazioni possano modificare la prospettiva nella comunicazione.

Istruzioni:

1. **Selezione delle parole:**
2. Scrivi una lista di 10 verbi comuni che usi frequentemente nella comunicazione quotidiana o professionale, come *correre, giocare, parlare, creare, organizzare, risolvere, partecipare, scrivere, dipingere, viaggiare.*
3. Scegli 5 aggettivi che descrivono stati d'animo o caratteristiche, come *felice, triste, veloce, lento, chiaro.*
4. **Trasformazione in sostantivi:**

5. Trasforma ogni verbo in un sostantivo che rappresenti il concetto o il risultato dell'azione. Ad esempio:
6. *Correre → la corsa*
7. *Giocare → il gioco*
8. *Parlare → la conversazione*
9. *Creare → la creazione*
10. *Organizzare → l'organizzazione*
11. Trasforma ogni aggettivo in un sostantivo che esprima uno stato o una qualità. Ad esempio:
12. *Felice → la felicità*
13. *Triste → la tristezza*
14. *Veloce → la velocità*
15. *Lento → la lentezza*
16. *Chiaro → la chiarezza*
17. **Applicazione nelle frasi:**
18. Usa ogni sostantivo trasformato in una frase per osservare come cambia il focus della comunicazione. Ad esempio:
19. *La corsa di domani sarà impegnativa.*
20. *Il gioco aiuta a sviluppare abilità sociali.*
21. *La conversazione ha chiarito molti dubbi.*
22. *La creazione di nuovi progetti è entusiasmante.*
23. *L'organizzazione dell'evento ha richiesto molto tempo.*
24. **Riflessione:**
25. Rifletti su come cambia il significato o l'implicazione quando i verbi e gli aggettivi vengono trasformati in sostantivi. Considera:
26. **Come influisce sulla percezione del lettore o ascoltatore rispetto all'azione o alla qualità?**
27. **La comunicazione risulta più formale o astratta?**
28. **In che modo queste trasformazioni possono influenzare la ricezione dei messaggi in contesti professionali o informali?**

Risultato atteso:

Questo esercizio aiuta a comprendere la tecnica delle nominalizzazioni e migliora la capacità di manipolare il linguaggio per influenzare positivamente la comunicazione, rendendola più adattabile a situazioni e pubblici diversi.

Esercizio 2: Analisi di un testo con nominalizzazioni

Obiettivo: Approfondire la comprensione dell'effetto delle nominalizzazioni sul tono e sulla percezione di un testo, valutando come possano influenzare la formalità, l'obiettività e l'attenzione del lettore.

Istruzioni:

1. **Selezione del testo:**
2. Scegli un paragrafo di un articolo di giornale o un estratto di un libro che contenga diverse azioni e descrizioni. Assicurati che il testo abbia abbastanza contenuti per permettere una trasformazione significativa attraverso le nominalizzazioni.
3. **Trasformazione tramite nominalizzazioni:**
4. Leggi attentamente il testo selezionato e sottolinea o annota tutti i verbi e gli aggettivi.
5. Riscrivi il paragrafo trasformando i verbi in sostantivi dove possibile. Ad esempio:
6. *Analizzare → l'analisi*
7. *Risolvere → la risoluzione*
8. *Proporre → la proposta*
9. Trasforma anche gli aggettivi in sostantivi che esprimano stati o qualità. Ad esempio:
10. *Efficace → l'efficacia*
11. *Chiaro → la chiarezza*
12. Mantieni il significato generale del testo, ma sposta l'attenzione su concetti o risultati piuttosto che su azioni o qualità dirette.
13. **Analisi comparativa:**

14. Confronta il testo originale con la versione modificata. Analizza i seguenti aspetti:
15. **Obiettività:** Il testo modificato suona più neutrale o distaccato rispetto all'originale? Le nominalizzazioni aumentano la percezione di imparzialità?
16. **Formalità:** Il testo con nominalizzazioni sembra più formale? Riflettere su come il cambiamento nella struttura del linguaggio possa modificare la percezione di autorevolezza.
17. **Focus:** Le nominalizzazioni aiutano a focalizzare l'attenzione su concetti chiave o risultati, piuttosto che sulle azioni?
18. **Riflessione e scrittura:**
19. Scrivi le tue osservazioni sui cambiamenti nel testo. Rifletti su come l'uso delle nominalizzazioni possa influenzare strategicamente la ricezione del messaggio da parte del lettore.
20. Pensa a situazioni in cui questo stile di scrittura potrebbe essere particolarmente utile o, al contrario, meno efficace.

Risultato atteso:

Questo esercizio consente di esplorare in profondità l'impatto delle nominalizzazioni nella scrittura, migliorando la capacità di analizzare e modificare il linguaggio per adattarlo ai diversi contesti e obiettivi comunicativi.

Esercizio 3: Dialogo revisionato

Obiettivo: Migliorare la capacità di utilizzare le nominalizzazioni nella comunicazione quotidiana, rendendo gli scambi meno diretti e più riflessivi, riducendo così la possibilità di conflitti.

Istruzioni:

1. **Creazione del dialogo originale:**

2. Scrivi un breve dialogo tra due persone che discutono di un problema. Ad esempio, due colleghi che dibattono su chi debba assumersi un compito aggiuntivo in un progetto. Assicurati che il dialogo originale utilizzi principalmente verbi e aggettivi per esprimere azioni ed emozioni in modo diretto.
3. **Esempio:**
4. *Persona A:* "Devi finire il report oggi."
5. *Persona B:* "Mi carichi sempre di lavoro extra. Non è giusto."
6. **Applicazione delle nominalizzazioni:**
7. Riscrivi il dialogo applicando le nominalizzazioni. Trasforma i verbi in sostantivi per ammorbidire le affermazioni e renderle meno dirette. Allo stesso modo, trasforma gli aggettivi in sostantivi legati a stati o qualità.
8. **Esempio revisionato:**
9. *Persona A:* "Il completamento del report oggi è fondamentale per rispettare la nostra scadenza."
10. *Persona B:* "Il sovraccarico di lavoro è diventato un tema ricorrente. Sarebbe utile discutere come bilanciarlo meglio."
11. **Confronto e analisi:**
12. Confronta il dialogo originale con la versione modificata. Osserva come l'uso delle nominalizzazioni cambia la dinamica della conversazione:
13. **Confronto vs. collaborazione:** La versione revisionata incoraggia di più la collaborazione?
14. **Ricezione del messaggio:** Come cambia la percezione delle idee espresse, passando da azioni dirette a concetti astratti?
15. **Impatto emotivo:** Quale dialogo sembra generare meno difensività?

16. **Riflessione scritta:**
17. Scrivi le tue osservazioni sui cambiamenti nel tono, l'efficacia e la ricezione dei messaggi in entrambi i dialoghi. Rifletti su come le nominalizzazioni possano essere utilizzate per gestire con delicatezza situazioni sensibili, migliorando la comunicazione interpersonale in vari contesti.

Risultato atteso:

Questo esercizio insegna a modificare il linguaggio per renderlo più adatto a situazioni delicate, evidenziando il potere delle parole nel cambiare la dinamica interpersonale e risolvere i conflitti in modo costruttivo.

Esercizio 4: Creazione di contenuti con nominalizzazioni

Obiettivo: Migliorare la capacità di utilizzare le nominalizzazioni nella creazione di contenuti di marketing, concentrando il messaggio sui risultati o benefici astratti per renderlo più persuasivo e accattivante.

Istruzioni:

1. **Selezione del prodotto o servizio:**
2. Scegli un prodotto o servizio per il quale desideri creare un annuncio. Può essere legato al tuo lavoro, a un interesse personale o a un prodotto immaginario. Ad esempio, un nuovo tipo di scarpe da corsa progettate per atleti.
3. **Creazione dello slogan o descrizione con verbi:**
4. Scrivi uno slogan o una breve descrizione del prodotto utilizzando principalmente verbi. Concentrati sull'azione che il prodotto facilita o promuove.
5. **Esempio iniziale:**
6. "Corri più veloce, allenati duramente e supera i tuoi limiti con le nostre scarpe."
7. **Riscrittura usando nominalizzazioni:**

8. Trasforma lo slogan o la descrizione per includere nominalizzazioni, spostando il focus sui risultati o benefici astratti del prodotto.
9. **Esempio con nominalizzazioni:**
10. "Raggiungi il massimo della velocità e della resistenza grazie all'innovazione delle nostre scarpe."
11. **Analisi comparativa e valutazione:**
12. Confronta le due versioni dello slogan o della descrizione:
13. **Versione con verbi:** Diretta e dinamica, incentra il messaggio sull'azione immediata.
14. **Versione con nominalizzazioni:** Meno diretta, pone l'accento sui risultati astratti e sui benefici a lungo termine, trasmettendo un senso di prestigio e innovazione.
15. Valuta quale versione potrebbe essere più efficace per il pubblico target e perché. Considera:
16. **Impatto emotivo:** Quale versione evoca una risposta emotiva più forte?
17. **Memorabilità del messaggio:** Quale slogan è più facile da ricordare?
18. **Differenziazione nel mercato:** Quale approccio distingue meglio il prodotto dalla concorrenza?
19. **Riflessione:**
20. Rifletti su come le differenze linguistiche influenzano la percezione del consumatore. Scrivi un breve testo sulla potenziale efficacia di ciascun approccio in termini di attrazione e persuasione. Valuta come applicare queste tecniche in strategie di comunicazione future.

Risultato atteso:

Questo esercizio aiuta a comprendere come manipolare il linguaggio per aumentare l'efficacia persuasiva nel marketing, incoraggiando una riflessione critica sulla struttura del messaggio e sul suo impatto sull'audience.

Esercizio 5: Riflessione personale sull'impatto emotivo delle nominalizzazioni

Obiettivo: Esplorare come l'uso delle nominalizzazioni possa influenzare le emozioni e le reazioni durante le interazioni, aiutando a comprendere come un cambiamento nel linguaggio possa modificare la percezione e la risposta ai commenti.

Istruzioni:

1. **Identificazione della situazione:**
2. Rifletti su un episodio recente in cui ti sei sentito offeso, ferito o infastidito da un commento ricevuto. Questo potrebbe essere un'osservazione fatta da un collega, un amico o un familiare.
3. Annota brevemente il contesto e il commento esatto che ti ha colpito, concentrandoti sui verbi e sugli aggettivi utilizzati che hanno scatenato la tua reazione emotiva.
4. **Riformulazione con nominalizzazioni:**
5. Riscrivi il commento originale utilizzando nominalizzazioni. Trasforma i verbi e gli aggettivi in sostantivi per ammorbidire l'impatto del linguaggio.
6. **Esempio:**
7. Commento originale: *"Hai rovinato la presentazione."*
8. Commento riformulato: *"La rovina della presentazione è stata un ostacolo da superare."*
9. Commento originale: *"Sei sempre disorganizzato."*
10. Commento riformulato: *"La disorganizzazione a volte crea difficoltà nel nostro lavoro."*
11. **Confronto e analisi:**
12. Scrivi entrambe le versioni: quella originale e quella modificata con nominalizzazioni.

13. Rifletti e confronta come ciascuna versione influisce sulle tue emozioni. Considera le seguenti domande:
14. **La versione con nominalizzazioni sembra meno diretta o accusatoria?**
15. **Come cambia la tua reazione emotiva tra le due versioni?**
16. **La nominalizzazione aiuta a depersonalizzare il commento, riducendo la sensazione di attacco personale?**
17. **Scrittura riflessiva:**
18. In base alla tua analisi, scrivi un breve paragrafo su come l'uso delle nominalizzazioni potrebbe essere applicato in modo efficace nelle tue future comunicazioni per gestire situazioni potenzialmente tese o emotive.
19. Rifletti se questo approccio potrebbe aiutarti a comunicare in modo più efficace, riducendo conflitti e incomprensioni.

Risultato atteso:

Questo esercizio ti consente di sperimentare direttamente il potere delle nominalizzazioni nel modificare il tono e la carica emotiva di un messaggio. Favorisce lo sviluppo di abilità comunicative più empatiche e rispettose, particolarmente utili in contesti delicati o quando si affrontano argomenti sensibili.

CAPITOLO 4
SUGGERIMENTI IMPLICITI

I suggerimenti impliciti costituiscono una tecnica di comunicazione sottile che permette di influenzare gli altri senza ricorrere a istruzioni esplicite o dirette. Questo metodo è efficace perché attenua la resistenza naturale che le persone possono avere verso ordini diretti, facendo sì che l'idea proposta sembri emergere internamente nell'ascoltatore. Utilizzando il linguaggio in modo che la direttiva o la proposta non venga espressa apertamente, ma piuttosto dedotta, i suggerimenti impliciti facilitano l'adozione dell'idea da parte dell'ascoltatore, come se fosse nata spontaneamente, aumentando così la probabilità di accettazione.

Il successo dei suggerimenti impliciti risiede nella loro capacità di interagire efficacemente con la mente subconscia del ricevente. A differenza di un ordine diretto che può sollevare barriere psicologiche o emotive, un suggerimento implicito permette all'ascoltatore di integrare l'idea in modo più fluido nel proprio processo di pensiero. Questo avviene presentando idee in modo indiretto, stimolando l'ascoltatore a colmare le lacune con le proprie interpretazioni o conclusioni, il che può portare a un'accettazione più completa e volontaria della proposta. Questo processo sfrutta principi psicologici come il senso di proprietà e di impegno, secondo i quali le persone si sentono più connesse e coinvolte nelle idee o decisioni che percepiscono come proprie.

Un suggerimento implicito efficace è spesso formulato in modo da enfatizzare i benefici o il valore di un'azione suggerita senza imporla direttamente. Ad esempio, anziché dire *"dovresti fare più esercizio"*, una formulazione implicita potrebbe essere *"molte persone trovano che fare esercizio regolarmente migliori significativamente il loro benessere generale"*. Questo tipo di comunicazione non solo è meno conflittuale, ma fornisce anche una ragione persuasiva per prendere in considerazione il suggerimento, senza esercitare pressione diretta sull'ascoltatore affinché intraprenda un'azione specifica.

I suggerimenti impliciti sono comuni in terapia, nelle negoziazioni e nella diplomazia, ma il loro utilizzo si estende a molti altri ambiti, come la leadership, la pubblicità e le relazioni interpersonali. In ogni contesto, la capacità di influenzare sottilmente gli altri mantenendo intatta la loro autonomia e rispettando la loro capacità decisionale è inestimabile. Questo non solo favorisce relazioni più armoniose e collaborative, ma può anche portare a risultati più duraturi ed efficaci, poiché le persone si sentono più coinvolte nelle decisioni che credono di aver preso autonomamente.

Padroneggiando questo approccio, puoi ottenere un impatto più significativo e duraturo nelle tue interazioni, rispettando e valorizzando al tempo stesso l'autonomia dei tuoi interlocutori.

ESEMPI DI UTILIZZO

Esempio 1: Nel settore della salute

Contesto: Un nutrizionista lavora con un cliente che ha difficoltà a smettere di consumare cibo spazzatura e ad adottare abitudini alimentari più sane. Il nutrizionista vuole motivare il cliente a fare cambiamenti duraturi nella sua dieta senza farlo sentire sotto pressione o giudicato.

Suggerimento diretto: "Dovresti smettere di mangiare cibo spazzatura."

- **Analisi:** Questo approccio diretto può far sentire il cliente criticato o attaccato, il che potrebbe aumentare la sua resistenza a cambiare le proprie abitudini alimentari.

Suggerimento implicito: "Molte persone scoprono che si sentono più energiche e in salute quando scelgono alimenti naturali invece del cibo spazzatura."

- **Analisi:** Questo suggerimento implicito presenta un'alternativa salutare come una scelta vantaggiosa di cui altre persone già beneficiano. Contestualizzando la scelta di alimenti sani come qualcosa di positivo e diffuso, il nutrizionista non solo riduce la resistenza al cambiamento, ma promuove anche un senso di comunità e possibilità tra coloro che hanno adottato cambiamenti simili.
- Il nutrizionista potrebbe continuare dicendo: "Invece di concentrarci su ciò che dobbiamo eliminare, cosa ne pensi se esploriamo insieme nuove opzioni che potrebbero arricchire la tua dieta e migliorare la tua energia durante il giorno? Molti dei miei clienti hanno notato miglioramenti significativi nel loro benessere con piccoli aggiustamenti, come scegliere cereali integrali e più verdure." Questo modo di presentare l'informazione invita il cliente a riflettere sui benefici pratici e personali di modificare la propria

dieta, invece di limitarsi a ricevere un ordine su cosa non fare.

- **Impatto:** Usando un suggerimento implicito, il nutrizionista permette al cliente di riflettere sui vantaggi del cambiamento alimentare secondo i propri termini, aumentando l'efficacia della comunicazione e facilitando un cambiamento comportamentale più genuino e duraturo. Questa tecnica sostiene anche l'auto-efficacia del cliente, rafforzando la sua fiducia nella capacità di apportare e mantenere cambiamenti salutari da solo.

Questo approccio non solo è più empatico, ma rafforza anche il senso di controllo del cliente sulle proprie decisioni alimentari, un elemento essenziale per promuovere un cambiamento positivo e duraturo nelle sue abitudini.

Esempio 2: Sul posto di lavoro

Contesto: Un manager affronta una sfida con un dipendente che arriva costantemente in ritardo al lavoro. La mancanza di puntualità influisce non solo sulla produttività del team, ma anche sul morale, e il manager deve affrontare il problema in modo costruttivo senza generare risentimenti.

Suggerimento diretto: "Devi iniziare ad arrivare in orario al lavoro."

- **Analisi:** Questo approccio diretto può far sentire il dipendente accusato e sulla difensiva, il che potrebbe peggiorare il suo impegno verso la puntualità o danneggiare il rapporto con il manager e il team.

Suggerimento implicito: "Il team trova spesso utile iniziare la giornata insieme per sincronizzare le attività quotidiane. Questo aiuta a stabilire il tono per una giornata produttiva."

- **Analisi:** Questa formulazione implicita sottolinea il valore del lavoro di squadra e l'importanza di iniziare la giornata insieme, senza evidenziare direttamente la condotta del dipendente. Concentrandosi sui benefici collettivi della puntualità, il messaggio è percepito meno come un rimprovero e più come un invito a contribuire a un obiettivo comune.
- Il manager potrebbe continuare con un'osservazione che riconosce indirettamente la situazione senza creare conflitto, come: "Ho notato che nei giorni in cui siamo tutti qui in orario, le riunioni mattutine scorrono meglio e tutti sembrano più allineati durante il resto della giornata. Pensi che potremmo trovare modi per facilitarti l'arrivo a questi incontri puntualmente? Mi interessa assicurarmi che tutti abbiano l'opportunità di contribuire fin dall'inizio."
- **Impatto:** Questo approccio non solo riduce la resistenza al cambiamento, ma trasforma il problema della puntualità in un'opportunità per migliorare la collaborazione e il supporto all'interno del team. Facendo sentire il dipendente valorizzato e parte della soluzione, aumenta la probabilità di un cambiamento positivo e duraturo.

Questo approccio promuove un ambiente di supporto e rispetto, mostrando come i suggerimenti impliciti possano essere uno strumento potente per gestire situazioni delicate in modo efficace, favorendo un cambiamento comportamentale attraverso la motivazione piuttosto che l'imposizione.

Esempio 3: In pubblicità

Contesto: Un'azienda tecnologica sta lanciando un nuovo smartphone e desidera creare una campagna che non solo inviti all'acquisto, ma che evidenzi anche le caratteristiche uniche del dispositivo in modo da risuonare emotivamente con i consumatori.

Suggerimento diretto: "Acquista ora il nostro nuovo smartphone."

- **Analisi:** Questo approccio diretto può sembrare aggressivo o troppo commerciale, il che potrebbe scoraggiare alcuni consumatori che preferiscono prendere decisioni di acquisto basate sulla ricerca e sul confronto tra prodotti.

Suggerimento implicito: "Immagina di catturare tutti i tuoi momenti perfetti con una chiarezza ineguagliabile. Il nostro nuovo smartphone è progettato per chi valorizza l'eccellenza in ogni dettaglio."

- **Analisi:** Questo suggerimento implicito fa leva sulle emozioni e sui desideri dei consumatori di conservare ricordi preziosi con la massima qualità visiva. Concentrandosi sull'esperienza dell'utente e sui benefici emotivi del prodotto, la campagna invita i consumatori a immaginare come lo smartphone potrebbe arricchire la loro vita quotidiana.
- La campagna potrebbe estendere questa narrativa con immagini e testimonianze che mostrano lo smartphone in azione, evidenziando situazioni in cui la qualità della fotocamera e le caratteristiche del dispositivo fanno una differenza significativa. Ad esempio, "Guarda come questo smartphone

trasforma una semplice riunione di famiglia in un ricordo cinematografico," accompagnato da immagini vivide che catturano emozioni autentiche con dettagli impressionanti.

- **Impatto:** Utilizzando un suggerimento implicito nell'ambito di una campagna pubblicitaria, l'azienda può creare un legame più profondo con i consumatori. Questo metodo non solo aumenta l'attrattiva del prodotto concentrandosi su come si integra e migliora la vita dell'utente, ma stabilisce anche una percezione di alta qualità e cura del design, giustificando potenzialmente una decisione di acquisto premium.

Questo tipo di comunicazione efficace in pubblicità non solo cattura l'attenzione del consumatore in modo più coinvolgente, ma promuove anche una relazione emotiva con il prodotto, essenziale per le decisioni di acquisto nel mercato competitivo della tecnologia di consumo. Concentrandosi sui risultati e sulle esperienze piuttosto che sulla transazione, la campagna invita i consumatori a far parte di una narrazione che apprezzano e desiderano vivere.

Esempio 4: In ambito educativo

Contesto: Un insegnante si rivolge ai suoi studenti per motivarli ad adottare abitudini di studio regolari che migliorino l'apprendimento e la memorizzazione del materiale educativo. L'insegnante cerca un modo per comunicare l'importanza di questa pratica senza far sentire gli studenti obbligati o sopraffatti.

Suggerimento diretto: "Dovete studiare due ore ogni sera."

- **Analisi:** Questa dichiarazione diretta può sembrare impositiva e potrebbe generare resistenza tra gli studenti, soprattutto se si sentono sotto pressione o se hanno già orari carichi di altre attività.

Suggerimento implicito: "Gli studenti che dedicano regolarmente tempo a rivedere i materiali spesso scoprono di avere una comprensione più profonda e una memorizzazione più duratura dei contenuti."

- **Analisi:** Questo suggerimento implicito offre una visione dei benefici dello studio regolare senza imporre un mandato specifico. Evidenziando i risultati positivi osservati in altri studenti, il messaggio consente agli studenti di visualizzare i benefici potenziali e di considerare lo studio continuo come una scelta vantaggiosa.
- L'insegnante potrebbe completare questo suggerimento con esempi o aneddoti su ex studenti che hanno applicato queste abitudini di studio e hanno ottenuto successo accademico e professionale. "Ad esempio, diversi nostri ex studenti hanno raccontato come stabilire un programma di studio li abbia aiutati non solo durante gli esami, ma anche nelle loro carriere, permettendo loro di gestire meglio il tempo e le responsabilità."
- **Impatto:** Presentando lo studio continuo come uno strumento che altri hanno utilizzato con successo per migliorare la loro educazione e sviluppo professionale, l'insegnante non solo riduce la resistenza all'idea di studiare regolarmente, ma ispira anche gli studenti ad adottare questa pratica per i benefici a lungo termine che può offrire. Questa tecnica di comunicazione incoraggia gli studenti ad adottare un approccio più strategico e personalizzato

all'apprendimento, vedendolo come un investimento per il loro futuro.

Questo approccio non solo educa gli studenti sull'importanza dello studio continuo, ma promuove anche un cambiamento comportamentale motivato internamente, cruciale per lo sviluppo di abilità di autoapprendimento e gestione del tempo essenziali in molte aree della vita. Facendo sentire agli studenti che lo studio regolare è una scelta fatta per i benefici che offre, l'insegnante facilita un'adozione più entusiasta e sostenuta di queste abitudini.

Esempio 5: Nelle relazioni personali

Contesto: Un individuo sta cercando di motivare un amico che è stato piuttosto riservato e solitario a partecipare più spesso ad attività sociali per migliorare il suo benessere emotivo ed espandere il suo circolo sociale.

Suggerimento diretto: "Dovresti uscire di più e socializzare."

- **Analisi:** Questa raccomandazione diretta può essere percepita come critica o impositiva, il che potrebbe far sentire l'amico incompreso o sotto pressione, generando una possibile resistenza all'idea di socializzare di più.

Suggerimento implicito: "Molti scoprono che esplorare nuovi luoghi e conoscere nuove persone può essere davvero rigenerante. È un buon modo per scoprire nuovi interessi."

- **Analisi:** Questo suggerimento delicato e non conflittuale presenta la socializzazione come un'opportunità di arricchimento personale e avventura, piuttosto che come un obbligo. Concentrandosi sui benefici emotivi e sulle opportunità di crescita personale che la socializzazione può offrire, questa modalità di comunicazione invita alla riflessione e alla considerazione senza pressioni.

- L'individuo potrebbe aggiungere: "Stavo pensando di visitare alcuni eventi locali che sembrano interessanti, ti andrebbe di venire la prossima volta? Potrebbe essere un modo divertente per fare qualcosa di diverso." Questo invito personale rende il suggerimento più concreto e meno astratto, offrendo un percorso chiaro verso la socializzazione che appare accessibile e piacevole.
- **Impatto:** Utilizzando un suggerimento implicito, l'attività sociale viene presentata come qualcosa di emozionante e vantaggioso, il che può aiutare a cambiare la percezione dell'amico riguardo all'idea di uscire e socializzare. Presentando la socializzazione come un'opportunità di avventura e scoperta, piuttosto che come un compito o un obbligo, l'amico potrebbe sentirsi più motivato e aperto all'idea di partecipare ad attività sociali.

Questo approccio aiuta a rafforzare la relazione, mostrando empatia e comprensione, mentre si incoraggia l'amico a considerare i benefici della socializzazione in modo che rispetti la sua autonomia e le sue preferenze personali. Rendere le attività sociali una scelta attraente e volontaria facilita una maggiore apertura e entusiasmo verso la partecipazione.

Ognuno di questi esempi mostra come la trasformazione di un'istruzione diretta in un suggerimento implicito possa cambiare la percezione del messaggio, rendendolo meno imperativo e più simile a un'idea che il destinatario può sentire come propria. Questa tecnica non solo riduce la resistenza, ma promuove anche una maggiore accettazione della proposta, facilitando così una comunicazione più efficace e persuasiva.

CONSIGLI PER CREARE SUGGERIMENTI IMPLICITI

1. Usa un linguaggio generalizzato per ridurre la pressione e facilitare l'accettazione

L'uso di espressioni generalizzate, come "molte persone" o "la maggior parte della gente", è una tecnica strategica che aiuta a ridurre qualsiasi resistenza da parte dell'ascoltatore, facendo percepire il suggerimento come una pratica comune e non come una raccomandazione individualizzata. Questo approccio diminuisce la sensazione di pressione diretta, presentando l'idea come una norma sociale, permettendo così all'ascoltatore di interiorizzare il suggerimento senza sentirsi obbligato o preso di mira.

Quando ascoltiamo frasi che indicano che altri stanno già adottando certi comportamenti, abbassiamo automaticamente le nostre difese e tendiamo ad accettare il messaggio come qualcosa di familiare e sicuro. Ad esempio, dicendo "Molte persone trovano che dedicare qualche minuto al giorno alla riflessione migliora il loro benessere", invece di un'istruzione diretta, crei uno spazio in cui l'ascoltatore può considerare quell'azione nel proprio contesto, sapendo che fa parte di una pratica diffusa.

Inoltre, questo tipo di linguaggio promuove un senso di appartenenza, facendo sentire l'ascoltatore allineato con un gruppo più ampio che condivide e convalida l'azione suggerita. L'uso di espressioni generalizzate non solo elimina la pressione individuale, ma facilita una maggiore apertura e collaborazione verso il suggerimento, poiché l'ascoltatore si sente accompagnato nel processo.

2. Concentrati sui benefici piuttosto che sull'azione diretta

Focalizzarsi sui benefici di un'azione invece che sull'azione stessa è un modo potente per introdurre un suggerimento senza imporre una richiesta diretta. Quando presenti il risultato positivo di un'attività, come in "molte persone scoprono che fare una passeggiata quotidiana aumenta il loro benessere generale", crei un'immagine attraente nella mente dell'ascoltatore senza chiedergli esplicitamente di agire. Questo approccio permette all'ascoltatore di concentrarsi sui risultati desiderabili e immaginare come potrebbe migliorare la propria vita se sperimentasse quei benefici, incentivandolo a considerare l'azione.

La forza di questa tecnica risiede nella psicologia dell'autonomia. Sottolineando i benefici, inviti l'ascoltatore a fare da solo il collegamento tra l'azione e il risultato, predisponendolo a decidere di agire come se fosse una scelta personale. Invece di sentirsi obbligato a fare qualcosa, l'ascoltatore è spinto a farlo per raggiungere un risultato desiderabile che riesce a immaginare nella propria vita.

Questo approccio favorisce l'accettazione e l'adesione all'azione suggerita, poiché viene percepita come un mezzo logico per ottenere uno stato desiderabile. Presentare i benefici genera anche meno resistenza, poiché l'azione viene vista come un'opzione naturale e vantaggiosa per migliorare il proprio benessere, piuttosto che come una richiesta imposta che potrebbe suscitare rifiuto.

3. Introduci esempi di terze persone per creare distanza psicologica

L'inserimento di esempi di altre persone è una tecnica efficace per comunicare suggerimenti senza suscitare difese nell'ascoltatore. Quando formuli un'idea usando frasi come "ci sono persone che hanno scoperto che organizzarsi aiuta a ridurre lo stress", crei un effetto di distanza che rende il suggerimento meno diretto e personale. Posizionando l'esperienza su terze persone, permetti all'ascoltatore di recepire il messaggio senza sentirsi direttamente preso di mira.

Questo approccio offre uno spazio di riflessione privo di pressione, permettendo all'ascoltatore di considerare l'idea senza percepirla come una critica o imposizione personale. Menzionando l'esperienza di "altre persone", il suggerimento si insinua più naturalmente nel pensiero del destinatario, come se fosse un'osservazione piuttosto che una raccomandazione. Questo rafforza l'autonomia dell'ascoltatore, che può decidere se applicare l'esempio alla propria vita, sentendo che la scelta è autenticamente sua.

L'uso di esempi di terze persone è anche persuasivo perché stimola curiosità ed esplorazione. L'ascoltatore può riflettere sui possibili benefici del suggerimento con maggiore neutralità, aumentando la probabilità che adotti l'idea senza sentirsi privato della libertà di scelta.

4. Usa domande retoriche per stimolare la riflessione e la curiosità

Le domande retoriche sono una strategia efficace per invitare alla riflessione senza esercitare pressione diretta. Formulare domande come "Ti sei mai accorto di come cambia la tua energia quando inizi la giornata con un'abitudine positiva?" stimola nell'ascoltatore una risposta interna, guidando l'attenzione verso il potenziale beneficio senza percepire un'istruzione esplicita. Questa tecnica risveglia la curiosità naturale e permette all'ascoltatore di visualizzare gli effetti positivi, aprendo così la porta a una considerazione genuina dell'azione suggerita.

Le domande retoriche funzionano invitando l'immaginazione, consentendo all'ascoltatore di proiettare possibili risultati positivi nella propria mente. Poiché non richiedono una risposta diretta, queste domande creano uno spazio di introspezione in cui il destinatario percepisce l'idea come frutto del proprio processo di pensiero. Questo aumenta la ricettività, poiché l'ascoltatore non percepisce il suggerimento come un'imposizione, ma come un'opzione che ha esplorato autonomamente.

Inoltre, le domande retoriche contribuiscono a creare un ambiente di dialogo aperto, in cui la persona si sente libera di decidere come integrare il suggerimento nella propria vita. Questo approccio favorisce una predisposizione positiva verso l'azione suggerita, poiché l'ascoltatore sperimenta una sensazione di controllo e autonomia nel processo decisionale.

5. Offri opzioni per mantenere la sensazione di autonomia

Offrire opzioni anziché istruzioni dirette favorisce un ambiente di rispetto e supporto, in cui l'ascoltatore si sente in controllo delle proprie decisioni. Ad esempio, invece di dire "fai esercizio ogni giorno," un'alternativa come "potresti trovare utile dedicare qualche minuto al giorno a un'attività fisica che ti piace" concede alla persona lo spazio per scegliere un'opzione che le risulti attraente. Questa strategia suggerisce che l'ascoltatore ha la libertà di adattare il suggerimento al proprio stile di vita e alle proprie preferenze, mantenendo la sensazione di autonomia.

Fornire opzioni crea un senso di flessibilità nella conversazione, trasmettendo che la proposta non è rigida né restrittiva. Le persone tendono ad essere più aperte quando sentono di prendere decisioni per conto proprio, piuttosto che seguire istruzioni imposte. Questa apparente libertà non solo riduce la potenziale resistenza, ma facilita anche che l'ascoltatore percepisca il consiglio come qualcosa di adattabile e personalizzabile.

Inoltre, offrire alternative consente al destinatario di esplorare mentalmente le diverse possibilità prima di prendere una decisione. Questa esplorazione interna favorisce la riflessione e permette all'ascoltatore di appropriarsi del processo, aumentando la probabilità che assuma l'azione come una scelta personale e motivata dal proprio desiderio di miglioramento o cambiamento.

6. Adotta un tono di osservazione casuale per ridurre la percezione di persuasione

Adottando un tono di osservazione casuale, il suggerimento viene presentato in modo neutro, come se fosse una semplice riflessione sul comportamento umano anziché una raccomandazione diretta. Questo aiuta l'ascoltatore a ricevere il messaggio senza sentirsi obbligato a reagire immediatamente, riducendo così la resistenza e la percezione di persuasione. Ad esempio, dire "a volte sembra che le persone che si prendono un momento per meditare trovino maggiore chiarezza durante la giornata" trasforma il suggerimento in un commento imparziale, più simile a una condivisione di prospettiva che a un consiglio.

Questo approccio permette all'ascoltatore di considerare l'idea come qualcosa che può integrare se lo desidera, senza alcuna pressione. Invece di sentirsi diretto, l'ascoltatore si sentirà invitato a riflettere sul suggerimento secondo i propri termini, facilitando l'assimilazione e la maturazione dell'idea in modo naturale. Poiché non percepisce la necessità di dare una risposta o di giustificare la propria decisione, l'ascoltatore ha la libertà di esplorare il concetto internamente, aumentando la probabilità che adotti il suggerimento.

Inoltre, il tono casuale trasforma la conversazione in uno scambio leggero e confortevole, come se si stesse condividendo un pensiero senza aspettative. Questa distanza sottile consente all'ascoltatore di associare l'idea a qualcosa di positivo e accessibile, considerandola come un'opzione flessibile e personalizzabile, piuttosto che come una direttiva specifica o impegnativa.

7. Introduci parole che suggeriscono flessibilità e non imposizione

Incorporare termini come "forse," "potresti," o "a volte" crea un tono di conversazione aperto e accogliente, permettendo che l'idea venga presentata senza generare pressione o richiedere una risposta immediata. Queste parole funzionano come un invito sottile, offrendo all'ascoltatore l'opportunità di esplorare il suggerimento al proprio ritmo, senza la sensazione di dover prendere un impegno immediato. Ad esempio, dire "forse potresti trovare utile dedicare un momento al giorno per riflettere" lascia la porta aperta affinché l'ascoltatore decida se provare, anziché imporre l'idea come una direttiva.

Un linguaggio flessibile aiuta l'ascoltatore a sentirsi libero di considerare la proposta senza doversi sentire obbligato o costretto a valutarla subito, riducendo così la resistenza iniziale che molte persone possono provare di fronte a suggerimenti diretti. Inoltre, questo approccio ammorbidisce il messaggio, facendolo sembrare meno una raccomandazione e più un'opzione tra molte. Questo facilita la ricezione dell'idea con maggiore apertura, permettendo all'ascoltatore di decidere quando e come adottarla, aumentando così la probabilità di un'accettazione volontaria.

Utilizzando questa flessibilità linguistica, si trasmette anche rispetto per l'autonomia e lo spazio dell'ascoltatore. La persona può percepire il suggerimento come un consiglio opzionale e adattabile, promuovendo una sensazione di controllo sulla propria decisione e riducendo qualsiasi percezione di manipolazione. In questo ambiente, l'ascoltatore può esplorare l'idea liberamente, il che incrementa l'autenticità e la profondità della sua possibile accettazione.

8. Suggerisci possibilità future per ispirare ottimismo

Introdurre un suggerimento con un focus sui benefici futuri, come dire "forse in futuro potresti trarne beneficio provando questo," aiuta l'ascoltatore a visualizzare risultati positivi senza sentire la pressione di agire immediatamente. Invece di imporre un'azione, questo tipo di messaggio invita la persona a immaginare uno scenario in cui, se decidesse di agire, potrebbe vedere miglioramenti nel tempo. Questo genera un'anticipazione positiva, dove l'ascoltatore si sente libero di esplorare le possibilità senza un impegno immediato, favorendo un ambiente di considerazione aperto e rilassato.

Questa strategia consente inoltre all'ascoltatore di proiettare i propri desideri e speranze nel futuro. Espressioni come "potresti scoprire benefici lungo il percorso" o "forse sarai sorpreso dai risultati nel lungo termine" insinuano che lo sforzo potrebbe essere premiato senza necessità di dettagliarlo, il che risulta particolarmente efficace quando la persona ha dubbi o incertezze sul cambiamento. Concentrandosi sui benefici come possibilità future e non come promesse concrete, l'ascoltatore percepisce la proposta come un'opportunità di miglioramento, senza il timore di fallire o rimanere deluso.

Inoltre, il linguaggio delle possibilità future contribuisce a creare un senso di speranza e ottimismo, incoraggiando l'ascoltatore a considerare l'azione con curiosità e aspettativa. Questo non solo riduce la resistenza, ma consente all'ascoltatore di relazionarsi con il messaggio in uno stato emotivo positivo. Di conseguenza, prendere l'iniziativa diventa un'esplorazione personale verso un futuro desiderabile, piuttosto che un compito imposto, aumentando così la probabilità di accettazione e un autentico impegno con l'idea.

9. Evita le parole assolute per favorire una ricezione aperta

Evitare parole assolute come "dovresti," "devi," o "è necessario" aiuta l'ascoltatore a non percepire il suggerimento come un'imposizione, ma piuttosto come un'opzione che può considerare liberamente. Questo approccio consente all'ascoltatore di mantenere un senso di controllo, riducendo le difese che spesso si attivano quando si percepisce un obbligo. Invece di imporre un'azione, l'uso di termini più morbidi come "potresti," "forse troverai utile," o "sarebbe interessante considerare" invita l'ascoltatore a esplorare l'idea autonomamente, dandogli la libertà di adottare il suggerimento solo se lo ritiene opportuno.

Un linguaggio meno assoluto favorisce anche un'atmosfera di conversazione collaborativa e rispettosa, particolarmente utile in ambienti di lavoro, terapia o relazioni interpersonali, dove il rispetto per l'autonomia personale è essenziale. Evitando la rigidità degli assoluti, chi comunica proietta un atteggiamento di apertura e comprensione, rafforzando la percezione che l'ascoltatore sia libero di prendere le proprie decisioni. Questo può essere particolarmente efficace in situazioni delicate, poiché l'ascoltatore sente che il proprio giudizio e la propria autonomia sono rispettati.

Inoltre, questo tipo di linguaggio crea una sensazione di supporto piuttosto che di autorità, risultando particolarmente efficace nella persuasione sottile. Invece di trasmettere urgenza o comando, il comunicatore suggerisce che ci sono possibilità da esplorare. Questa tecnica consente all'ascoltatore di ricevere il suggerimento con maggiore apertura e favorisce la riflessione personale, presentando l'azione come un beneficio opzionale. La persona si sente invitata a partecipare a una scelta consapevole, facilitando un impegno più autentico e volontario verso l'azione proposta.

ESERCIZI PER PRATICARE L'USO DI SUGGERIMENTI IMPLICITI

Esercizio 1: Trasformazione di direttive

Obiettivo: Imparare a trasformare istruzioni dirette in suggerimenti impliciti per migliorare la comunicazione nell'ambiente lavorativo, aumentando così la ricettività e la cooperazione senza perdere chiarezza.

Istruzioni:

1. **Identificazione di direttive comuni:**
2. Seleziona cinque istruzioni che vengono comunemente date nel tuo ambiente lavorativo. Queste possono essere attività di routine o istruzioni specifiche relative a progetti, come "Invia l'email di aggiornamento del progetto a tutti gli stakeholder".
3. **Trasformazione in suggerimenti impliciti:**
4. Per ogni istruzione diretta, sviluppa un suggerimento implicito che trasmetta lo stesso messaggio in modo meno diretto. Ad esempio,

anziché "Invia l'email di aggiornamento del progetto a tutti gli stakeholder", potresti dire "Un aggiornamento via email potrebbe mantenere tutti gli stakeholder informati e allineati con i progressi del progetto".

5. **Analisi della ricezione e dell'efficacia:**
6. Dopo aver riscritto le istruzioni, rifletti su come la formulazione di ogni suggerimento possa essere percepita dal destinatario. Considera aspetti come il tono, l'implicazione e la possibile risposta emotiva.
7. Valuta come il suggerimento implicito possa influenzare la dinamica del team o la relazione con i dipendenti. Analizza se questo approccio potrebbe migliorare la motivazione e la partecipazione del team rispetto alle direttive più dirette.
8. **Implementazione pratica:**
9. Scegli uno dei suggerimenti impliciti e usalo in una situazione reale sul lavoro. Osserva e registra la reazione del destinatario e confronta se l'interazione è stata più positiva rispetto a un'istruzione diretta.
10. **Riflessione finale:**
11. Rifletti sull'intera esperienza e scrivi un breve rapporto su ciò che hai imparato riguardo alla comunicazione indiretta. Considera se questo approccio potrebbe essere integrato regolarmente nelle tue pratiche di comunicazione e come potrebbe beneficiare le relazioni e l'efficienza sul posto di lavoro.

Questo esercizio non solo ti permetterà di praticare la creazione di comunicazioni meno direttive e più empatiche, ma anche di comprendere l'importanza del tono e del contesto nella comunicazione efficace in ambito lavorativo.

Convertire direttive in suggerimenti favorisce un ambiente più collaborativo e meno autoritario.

Esercizio 2: Simulazioni di ruolo

Obiettivo: Praticare e perfezionare l'uso di suggerimenti impliciti in conversazioni simulate, sviluppando abilità per comunicare in modo efficace e sottile in situazioni professionali.

Istruzioni:

1. **Selezione di scenari:**
2. Con un collega, seleziona diversi scenari realistici che potrebbero verificarsi in un ambiente di lavoro. Esempi possono includere un manager che discute il miglioramento delle prestazioni di un dipendente, la coordinazione di un nuovo progetto tra dipartimenti o la gestione di un conflitto tra colleghi.
3. Definite chiaramente i ruoli per ciascuna persona (manager, dipendente, collega, ecc.) e il contesto specifico di ogni scenario.
4. **Sviluppo di dialoghi:**
5. Inizialmente, entrambi i partecipanti devono interagire utilizzando un approccio diretto. Ad esempio, se lo scenario riguarda il miglioramento delle prestazioni, il manager potrebbe dire: "Devi migliorare le tue prestazioni; i tuoi ultimi risultati non hanno soddisfatto le aspettative dell'azienda".
6. Successivamente, reinterpretate lo stesso scenario utilizzando suggerimenti impliciti. Seguendo lo stesso esempio, il manager potrebbe esprimere: "Ho notato che quando i membri del team si concentrano su aree specifiche come la gestione del tempo, spesso riscontrano miglioramenti significativi nelle loro prestazioni".
7. **Valutazione e discussione:**

8. Dopo ogni interazione, prendetevi un momento per discutere come ciascuno si è sentito con i diversi stili di comunicazione. Considerate aspetti come:
9. **Come hanno influenzato le diverse approcci la vostra ricettività e apertura al messaggio?**
10. **L'approccio diretto ha provocato difensività o resistenza?**
11. **Il suggerimento implicito è stato percepito come più motivante o meno conflittuale?**
12. Analizzate quale stile sembra più efficace per promuovere un cambiamento positivo e in quali circostanze uno stile può essere preferibile all'altro.
13. **Riflessione critica:**
14. Riflettete su come questo esercizio possa essere applicato a situazioni reali nelle vostre vite lavorative. Identificate situazioni in cui modificare il vostro approccio comunicativo potrebbe migliorare la dinamica interpersonale e i risultati del team.
15. **Relazione di apprendimento:**
16. Come esercizio aggiuntivo, ciascun partecipante può scrivere un breve rapporto su ciò che ha imparato e come intende applicare queste tecniche di comunicazione in futuro.

Questo esercizio ti aiuterà a comprendere in modo pratico la differenza tra comunicazione diretta e suggerimenti impliciti, evidenziando l'importanza dell'empatia e della percezione nella gestione efficace delle relazioni lavorative. Inoltre, promuove la consapevolezza di sé e il miglioramento delle abilità comunicative, essenziali per la leadership e la collaborazione efficace.

Esercizio 3: Analisi del dialogo

Obiettivo: Sviluppare competenze per riconoscere e comprendere l'impatto dei suggerimenti impliciti nella comunicazione, attraverso l'analisi del loro utilizzo nei media, come film e serie TV.

Istruzioni:

1. **Selezione del materiale da guardare:**
2. Scegli un film o una serie TV nota per la sua ricca dinamica tra personaggi e dialoghi intriganti. Idealmente, seleziona contenuti che includano scene di negoziazione, persuasione o conflitti emotivi.
3. Esempi di serie che utilizzano spesso tecniche di persuasione sono *"Mad Men"*, conosciuta per le sue sottili tecniche di vendita nel mondo della pubblicità, o *"House of Cards"*, che mostra la manipolazione politica e l'uso strategico del linguaggio.
4. **Identificazione di suggerimenti impliciti:**
5. Mentre guardi l'episodio o il film, tieni un taccuino a portata di mano e annota i momenti in cui un personaggio utilizza un suggerimento implicito. Ad esempio, invece di dire direttamente "voglio che tu faccia questo", un personaggio potrebbe dire "alcune persone trovano utile intraprendere questa azione".
6. Registra sia la frase utilizzata che il contesto in cui è stata pronunciata, prestando attenzione alla reazione degli altri personaggi.
7. **Analisi dell'impatto:**
8. Dopo aver guardato, rivedi le tue note e seleziona almeno due o tre esempi significativi di suggerimenti impliciti.
9. Analizza come l'uso di questi suggerimenti abbia influenzato le interazioni tra i personaggi. Considera se i suggerimenti hanno facilitato un cambiamento nell'opinione o comportamento dei

personaggi e come sarebbe potuto essere diverso con un approccio più diretto.
10. Rifletti sull'efficacia dei suggerimenti impliciti in ciascuna situazione. Valuta se hanno aiutato a evitare conflitti, a creare una connessione emotiva o a persuadere qualcuno senza generare resistenza.
11. **Riflessione critica:**
12. Scrivi una breve riflessione su ciò che hai imparato sull'uso di suggerimenti impliciti nelle comunicazioni quotidiane e professionali. Considera come potresti applicare tecniche simili nella tua vita per migliorare le tue capacità di comunicazione e persuasione.
13. **Condivisione e discussione:**
14. Se possibile, discuti le tue scoperte con amici o colleghi interessati alla comunicazione efficace. Condividere prospettive può fornire ulteriori spunti su come i suggerimenti impliciti possono essere utilizzati in contesti diversi.

Questo esercizio non solo migliora la capacità di riconoscere suggerimenti impliciti nella comunicazione, ma aiuta anche ad apprezzare la complessità e la sottigliezza del linguaggio utilizzato nelle narrazioni influenti, fornendo una comprensione più profonda delle tecniche di persuasione in azione.

Esercizio 4: Riscrittura creativa

Obiettivo: Imparare ad applicare suggerimenti impliciti per trasformare il tono e la persuasione di annunci pubblicitari o comunicati, migliorando così la connessione con il pubblico target.

Istruzioni:

1. **Selezione del materiale originale:**

2. Scegli un annuncio pubblicitario o un comunicato stampa che utilizzi inizialmente un linguaggio diretto e perentorio. Ad esempio, un annuncio che dice: "Acquista il nostro prodotto ora e ottieni uno sconto del 50%". Opta per contenuti con cui hai familiarità o che trovi su giornali, riviste o siti web.
3. **Riscrittura usando suggerimenti impliciti:**
4. Riscrivi il testo originale per incorporare suggerimenti impliciti che rendano il messaggio più sottile e meno imperativo. Ad esempio, l'annuncio potrebbe diventare: "Scopri come il nostro prodotto può migliorare la tua vita con un risparmio esclusivo disponibile per un periodo limitato".
5. Concentrati su come modificare il messaggio per invitare i lettori a riflettere o agire senza sentirsi sotto pressione. Usa frasi che implichino benefici o stimolino la curiosità senza fare affermazioni assolute.
6. **Analisi comparativa:**
7. Metti i testi – l'originale e quello modificato – uno accanto all'altro ed esamina le differenze in termini di tono, implicazione e potenziale di risposta del pubblico.
8. Considera aspetti come l'attrazione emotiva, la sottigliezza nell'invito all'azione e come il messaggio possa essere percepito come rispettoso dell'autonomia del lettore o spettatore.
9. **Valutazione dell'impatto:**
10. Decidi quale delle due versioni ritieni avrebbe un impatto maggiore sul pubblico, basandoti sull'efficacia e sulla capacità persuasiva del messaggio. Rifletti su come l'uso di suggerimenti impliciti possa influenzare la percezione del marchio o l'intenzione d'acquisto.

11. Considera di organizzare un piccolo gruppo di ascolto o un sondaggio informale tra amici o colleghi per ottenere opinioni esterne sulle due versioni.
12. **Riflessione finale:**
13. Scrivi una riflessione su ciò che hai imparato da questo esercizio. Rifletti su come le tecniche apprese potrebbero essere applicate in altri aspetti della comunicazione, sia nella vita personale che professionale.

Questo esercizio non solo promuove lo sviluppo di competenze comunicative più raffinate e consapevoli, ma rivela anche il potere della sottigliezza nella pubblicità e nelle pubbliche relazioni, incoraggiando un approccio più strategico ed empatico nelle campagne di marketing e comunicazione aziendale.

Esercizio 5: Riflessione personale

Obiettivo: Esplorare come la ristrutturazione di un consiglio o di un'istruzione utilizzando suggerimenti impliciti possa cambiare la percezione e la ricezione dei messaggi, migliorando la comunicazione interpersonale.

Istruzioni:

1. **Selezione della conversazione:**
2. Rifletti su una conversazione recente in cui hai dato un consiglio o un'istruzione in modo molto diretto. Questo potrebbe riguardare un contesto lavorativo, personale o sociale, in cui hai percepito che il tuo messaggio fosse troppo rigido o esplicito.
3. Esempio di un'istruzione diretta potrebbe essere: "Dovresti iniziare a fare più esercizio se vuoi essere più in salute".
4. **Riscrittura come suggerimento implicito:**

5. Modifica il tono del messaggio originale per trasformarlo in un suggerimento implicito. L'obiettivo è rendere il consiglio meno prescrittivo e più simile a una proposta che l'altra persona possa considerare spontaneamente.
6. Un esempio riscritto potrebbe essere: "Ho letto che molte persone notano grandi miglioramenti nella loro salute e benessere integrando un po' di attività fisica nella loro routine quotidiana. Pensi che potrebbe essere qualcosa di utile per te?"
7. **Analisi delle risposte potenziali:**
8. Immagina come la persona avrebbe potuto rispondere se avessi utilizzato fin dall'inizio la versione implicita. Rifletti se il suggerimento implicito avrebbe potuto generare una risposta più aperta o positiva.
9. Considera se la natura meno diretta del suggerimento implicito potrebbe aver reso l'altra persona più a suo agio, meno difensiva e potenzialmente più ricettiva nel considerare il cambiamento suggerito.
10. **Riflessione profonda:**
11. Scrivi le tue osservazioni e riflessioni su come cambiare l'approccio della tua comunicazione potrebbe migliorare le tue future interazioni. Chiediti se un approccio più delicato potrebbe essere più efficace in determinate situazioni o con alcune persone.
12. Rifletti su come questo esercizio ti abbia fatto percepire l'importanza del tono e della formulazione nella comunicazione.
13. **Impegno per il futuro:**
14. Decidi se adotterai uno stile di comunicazione che includa più suggerimenti impliciti in situazioni simili in futuro. Pianifica come potresti

implementare questo stile di comunicazione nelle tue interazioni quotidiane per favorire relazioni migliori e ottenere risultati più positivi.

Questo esercizio ti aiuterà a comprendere l'importanza del tono nella comunicazione e come i suggerimenti sottili possano essere strumenti potenti per influenzare positivamente le interazioni, promuovendo maggiore empatia e comprensione nelle relazioni personali e professionali.

CAPITOLO 5
LETTURA MENTALE

La tecnica della "lettura mentale" nei modelli di Milton Erickson non è un atto di divinazione magica, ma una strategia avanzata di comunicazione che sfrutta un approccio empatico per connettersi profondamente con gli altri. Utilizzando questo strumento, i comunicatori possono interpretare ed esprimere verbalmente i pensieri o le emozioni di qualcuno, basandosi su un'attenta osservazione e una comprensione approfondita del loro comportamento e dei segnali verbali e non verbali che offrono. Questi segnali includono il linguaggio del corpo, le espressioni facciali, il tono di voce e la scelta delle parole, che insieme rivelano molto su ciò che una persona può provare o pensare, anche se non lo esprime direttamente.

Formulando dichiarazioni che riflettano questi sentimenti o pensieri interni, i comunicatori permettono ai loro interlocutori di sentirsi compresi e valorizzati, creando un ambiente di apertura e onestà. Questa tecnica di "lettura mentale" è particolarmente preziosa in contesti in cui l'empatia è essenziale, come in terapia, nelle negoziazioni o nelle relazioni personali e professionali. Anticipando e verbalizzando ciò che gli altri possono pensare o sentire, si può creare un forte legame di fiducia e comprensione tra le parti coinvolte.

L'uso efficace della lettura mentale può anche aiutare a evitare incomprensioni e a risolvere i conflitti in modo più efficace, poiché le persone tendono a essere più ricettive e disposte a seguire consigli o prendere decisioni quando sentono che le loro emozioni sono riconosciute e rispettate. Nel marketing, ad esempio, parlare direttamente ai bisogni o ai desideri inespressi dei consumatori può rendere un messaggio pubblicitario molto più efficace. In ambito professionale, un leader che riesce ad anticipare e discutere le preoccupazioni del proprio team riguardo ai cambiamenti organizzativi può contribuire a mitigare l'ansia e la resistenza. Allo stesso modo, nella sfera personale, comprendere e rispondere ai bisogni emotivi di un amico o partner durante un momento di stress può rafforzare significativamente la relazione.

Questa capacità di leggere la mente, per così dire, richiede un attento sviluppo dell'empatia e della capacità di osservazione. Non si tratta di fare supposizioni infondate, ma di utilizzare la percezione emotiva in modo rispettoso per migliorare la comunicazione e la comprensione reciproca.

COME APPLICARE LA LETTURA MENTALE

1. **Osservazione dettagliata:** La lettura mentale inizia con un'osservazione attenta del linguaggio del corpo, delle espressioni facciali, del tono di voce e della scelta delle parole dell'interlocutore. Questi fattori possono fornire indizi preziosi sullo stato emotivo e mentale della persona. Ad esempio, una postura curva o una voce tremolante potrebbero suggerire insicurezza o nervosismo, mentre una postura eretta e una voce ferma possono denotare fiducia.
2. **Ascolto attivo:** L'ascolto attivo è fondamentale per eseguire una lettura mentale accurata. Questo non

implica solo ascoltare le parole che la persona dice, ma anche prestare attenzione a ciò che non viene detto, come pause prolungate, frasi non finite o l'uso di termini ambigui. Spesso, il tono e il ritmo del discorso offrono segnali su come la persona si sente riguardo a ciò che sta esprimendo.

3. **Interpretazione emotiva:** Dopo aver osservato gli aspetti verbali e non verbali, è importante fare un'interpretazione emotiva di ciò che è stato percepito. Non si tratta di indovinare, ma di formulare un'ipotesi ragionevole su ciò che la persona potrebbe provare. Ad esempio, se qualcuno menziona che un progetto lavorativo "gli sta costando molto impegno", potrebbe darsi che quella persona stia vivendo frustrazione, stanchezza o persino ansia riguardo alla sua capacità di rispettare le aspettative.
4. **Formulazione di una dichiarazione empatica:** Il passo successivo è formulare una dichiarazione empatica che verbalizzi ciò che credi che l'altra persona stia provando o pensando. Questa dichiarazione deve essere abbastanza aperta da permettere alla persona di correggerla o chiarirla se non è del tutto accurata. Ad esempio, potresti dire: "Sembra che questo progetto ti stia causando molta pressione, ti andrebbe di parlarne di più e vedere come possiamo affrontarlo?". Questa frase non solo riflette comprensione, ma apre anche la porta affinché la persona confermi o ampli ciò che sta provando.
5. **Validazione e aggiustamento:** La lettura mentale non sarà sempre esatta, e va bene così. L'importante è offrire all'interlocutore l'opportunità di sentirsi compreso. Se la tua interpretazione non è precisa, l'altra persona probabilmente ti correggerà,

fornendo ulteriori informazioni per aggiustare la tua percezione. La chiave è essere rispettosi e aperti alla correzione. Quando l'interlocutore si sente capito, questo rafforza la fiducia e permette un dialogo più profondo.

COME SVILUPPARE QUESTA ABILITÀ

Lo sviluppo della capacità di lettura mentale richiede tempo e pratica. È una combinazione tra migliorare l'empatia, affinare la capacità di osservazione e acquisire destrezza nel formulare dichiarazioni che riflettano i pensieri e i sentimenti non espressi degli altri. Di seguito sono riportati alcuni passaggi pratici che il lettore può seguire per sviluppare questa abilità in modo efficace:

1. **Allenare l'empatia:** Per perfezionare la lettura mentale, è essenziale essere empatici. Ciò significa mettersi nei panni dell'altra persona e fare uno sforzo consapevole per comprendere la sua prospettiva. Praticare l'empatia con amici, familiari e colleghi aiuterà a identificare più rapidamente i modelli emotivi.
2. **Focalizzarsi sui segnali non verbali:** I piccoli dettagli spesso rivelano molto. Esercitarsi nell'osservare attentamente le persone con cui interagisci, identificando come le espressioni facciali, i movimenti delle mani, la posizione del corpo o persino il contatto visivo cambiano mentre parlano, può migliorare la tua capacità di leggere le emozioni implicite.
3. **Praticare l'arte della riformulazione:** Riformulare un'osservazione emotiva in parole senza sembrare invadenti o condiscendenti è fondamentale. Invece di dire "So che sei arrabbiato", è più efficace dire:

"Sembra che qualcosa di ciò che sta accadendo ti stia influenzando". Questa sottigliezza nel linguaggio invita l'altra persona a partecipare e a condividere di più, dandoti l'opportunità di validare ciò che hai percepito.

4. **Annotare le esperienze:** Tenere traccia delle conversazioni importanti in cui cerchi di applicare la lettura mentale può aiutarti a perfezionare la tecnica. Dopo ogni interazione, rifletti su quali segnali hai osservato, come hai interpretato i sentimenti e se le tue dichiarazioni empatiche hanno contribuito ad aprire uno spazio di fiducia. Questo ti permetterà di adattare e migliorare il tuo approccio nel tempo.

ESEMPI DI UTILIZZO

Esempio in una sessione di terapia:

Contesto: Durante una riunione di squadra dedicata alla pianificazione di un nuovo progetto strategico, un manager nota che uno dei suoi dipendenti, di solito entusiasta e propositivo, appare stranamente riservato e distratto. Questo cambiamento diventa evidente soprattutto quando si discutono aspetti critici del progetto, in cui il suo contributo è sempre stato prezioso.

Uso della lettura mentale: Sensibile a questa variazione di comportamento, il manager decide di utilizzare una tecnica di lettura mentale per affrontare la situazione senza mettere direttamente sotto i riflettori il dipendente. In un momento appropriato, il manager interrompe la discussione per dire: "Ho notato che oggi sembri piuttosto pensieroso e mi chiedo se c'è qualcosa riguardo al progetto che ti preoccupa o se hai idee che potrebbero aiutarci. Spesso le tue intuizioni offrono una prospettiva unica che potrebbe essere essenziale per il nostro successo. Ti andrebbe di condividere i tuoi pensieri con il gruppo?"

Impatto: Esprimendo la sua osservazione in modo aperto e non conflittuale, il manager non solo dà al dipendente l'opportunità di esprimersi, ma convalida anche la sua importanza all'interno del team. Questo approccio allevia l'eventuale ansia del dipendente riguardo all'espressione delle proprie preoccupazioni e lo motiva a partecipare, facendolo sentire valorizzato e rispettato. Di conseguenza, il dipendente si sente più a suo agio nell'esprimere le sue preoccupazioni su alcuni rischi del progetto che non erano stati considerati, facilitando una discussione più approfondita e costruttiva. L'intervento del manager non solo affronta le preoccupazioni del dipendente, ma arricchisce anche il processo di pianificazione del progetto integrando prospettive critiche che altrimenti sarebbero state trascurate.

Esempio in una discussione familiare:

Contesto: Durante la pianificazione di una grande riunione familiare, l'idea di utilizzare la casa di uno dei fratelli come sede dell'evento genera un evidente disagio in lui, anche se non ha espresso apertamente la sua opposizione. La famiglia è entusiasta, ma è chiaro che il fratello che ospiterà l'evento è meno entusiasta e mostra segni di preoccupazione ogni volta che si discute della logistica.

Uso della lettura mentale: Notando la sua reticenza, un altro membro della famiglia decide di affrontare la situazione in modo empatico e delicato per non metterlo in difficoltà davanti agli altri. In un momento di privacy, menziona con dolcezza: "Ho notato che forse sei un po' preoccupato per l'idea di ospitare l'evento a casa tua, il che è assolutamente comprensibile dato tutto il lavoro e la coordinazione che implica. Ci sono preoccupazioni specifiche che possiamo affrontare insieme? Forse possiamo dividere i compiti o anche considerare un altro luogo se ti fa sentire più a tuo agio."

Impatto: Riconoscendo e verbalizzando le preoccupazioni

del fratello in questo modo, non solo si convalida la sua prospettiva, ma si sottolinea anche che i suoi sentimenti sono importanti per la famiglia. Questo gli permette di esprimere che la sua principale preoccupazione riguarda lo spazio e la pulizia dopo l'evento, aspetti che non erano stati precedentemente discussi. Facendo emergere questi punti, la famiglia può lavorare collettivamente per alleviare le sue preoccupazioni, come pianificare la pulizia in modo condiviso o esplorare alternative per ospitare l'evento altrove. Questa conversazione non solo riduce la sua ansia, ma rafforza anche i legami familiari, assicurando che tutti si sentano a proprio agio e collaborativi nell'organizzazione dell'evento.

Esempio in una discussione familiare:

Contesto: Durante la pianificazione di una grande riunione familiare, l'idea di utilizzare la casa di uno dei fratelli come sede dell'evento genera un evidente disagio in lui, anche se non ha espresso apertamente la sua opposizione. La famiglia è entusiasta, ma è chiaro che il fratello incaricato di ospitare l'evento è meno entusiasta e mostra segni di preoccupazione ogni volta che si parla della logistica.

Uso della lettura mentale: Notando la sua reticenza, un altro membro della famiglia decide di affrontare la situazione in modo empatico e delicato per non metterlo in difficoltà di fronte agli altri. In un momento di tranquillità, gli dice con dolcezza: "Ho notato che forse sei un po' preoccupato per l'idea di ospitare l'evento a casa tua, il che è assolutamente comprensibile dato tutto il lavoro e la coordinazione che comporta. Ci sono preoccupazioni specifiche che possiamo affrontare insieme? Forse possiamo dividere i compiti o anche considerare un altro luogo se ti fa sentire più a tuo agio."

Impatto: Riconoscendo e verbalizzando le preoccupazioni del fratello in questo modo, non solo si convalida la sua prospettiva, ma si sottolinea anche che i suoi sentimenti sono importanti per la famiglia. Questo gli permette di esprimere che la sua principale preoccupazione riguarda lo spazio e la pulizia dopo l'evento, aspetti che non erano stati precedentemente discussi. Facendo emergere questi punti, la famiglia può lavorare collettivamente per alleviare le sue preoccupazioni, come pianificare la pulizia in modo condiviso o esplorare alternative per ospitare l'evento altrove. Questa conversazione non solo riduce la sua ansia, ma rafforza anche i legami familiari, assicurando che tutti si sentano a proprio agio e collaborativi nell'organizzazione dell'evento.

CONSIGLI PER APPLICARE EFFICACEMENTE LA TECNICA DELLA LETTURA MENTALE

1. Identifica il contesto emotivo prima di fare una lettura mentale

Prima di offrire un'interpretazione empatica, è fondamentale comprendere il contesto emotivo in cui avviene l'interazione. La situazione specifica — che si tratti di una riunione di lavoro, una conversazione tra amici o un conflitto familiare — può influenzare notevolmente il modo in cui le persone esprimono i loro pensieri ed emozioni. Ogni contesto ha le sue sfumature, e comprenderle ti permetterà di rilevare con maggiore precisione i segnali non verbali e le variazioni nel tono di voce.

Ad esempio, in un ambiente lavorativo ad alta pressione, i segnali di ansia possono essere più sottili ma costanti, riflessi in un tono di voce accelerato, movimenti nervosi o una postura rigida. In una conversazione personale, invece, le emozioni possono essere più manifeste, con pause o cambiamenti di tono che riflettono più direttamente i sentimenti della persona. Prendendoti il tempo per valutare questa atmosfera emotiva, puoi adattare le tue interpretazioni in modo che appaiano più naturali e rispettose. Questo non solo migliora la precisione della lettura mentale, ma contribuisce anche a creare un ambiente di sicurezza e comprensione.

Identificare il contesto emotivo permette alla tua interpretazione di risultare pertinente e genuina, dimostrando che sei attento allo stato d'animo del tuo interlocutore. Inoltre, questa consapevolezza aiuta a evitare supposizioni errate che potrebbero deviare la conversazione o creare disagio.

2. Evita supposizioni affrettate e conclusioni rapide

La tecnica della lettura mentale si basa su osservazioni accurate e su un approccio aperto, senza dare per scontato ciò che l'altra persona sta provando. È cruciale ricordare che interpretare le emozioni non equivale a "indovinare" o a proiettare i propri pensieri sugli altri. La pazienza e l'apertura sono essenziali, poiché i sentimenti possono essere più complessi di quanto appaiano in superficie. Invece di arrivare rapidamente a una conclusione, lascia spazio affinché la persona possa precisare o sfumare le proprie emozioni, dimostrando così interesse genuino nel comprendere senza imporre la tua percezione.

Ad esempio, anziché affermare "So che sei preoccupato", potresti dire: "Mi sembra che questa situazione potrebbe causarti un po' di preoccupazione, è così?" Questa frase non solo evita un'ipotesi rigida, ma invita anche l'interlocutore a partecipare e chiarire i propri sentimenti, facilitando una conversazione più fluida ed empatica. Adottare questo approccio riduce la possibilità che l'interlocutore si senta frainteso o giudicato e rafforza l'ambiente di fiducia e rispetto.

Essere cauti e evitare conclusioni rapide dimostra un atteggiamento di ascolto genuino, promuovendo un dialogo in cui l'interlocutore si sente libero di esprimersi e correggere eventuali percezioni errate. Inoltre, questa pratica rafforza la fiducia nell'interazione, dimostrando che sei interessato a conoscere la sua esperienza emotiva autentica.

3. Usa parole che convalidano l'esperienza dell'altro

Utilizzando espressioni come "mi sembra che," "forse," o "ho l'impressione che," offri una percezione delicata e non invasiva, che dimostra rispetto per l'esperienza dell'interlocutore. Queste parole permettono che la tua interpretazione delle sue emozioni sia percepita come un'osservazione empatica piuttosto che come un'affermazione definitiva. Questa strategia di ammorbidire il linguaggio facilita una maggiore apertura, riducendo la sensazione di essere giudicati.

In una situazione di conflitto, ad esempio, dire "ho l'impressione che questa situazione potrebbe essere frustrante per te" è molto diverso da affermare "so che sei frustrato." La prima opzione invita l'altra persona a esplorare e a esprimere le proprie emozioni con più libertà, mentre la seconda potrebbe sembrare restrittiva e provocare resistenza. Questo approccio riduce la percezione di giudizio o pressione, incoraggiando l'interlocutore a condividere la propria esperienza in modo più autentico.

Inoltre, utilizzare espressioni aperte comunica chiaramente che valorizzi la prospettiva dell'interlocutore e sei disposto a capire realmente ciò che prova, senza imporre la tua interpretazione. Questo crea un'atmosfera di ascolto sincero, che favorisce una comunicazione onesta e significativa. La convalida attraverso un linguaggio delicato non solo facilita il dialogo, ma rafforza anche la fiducia e la connessione nella relazione.

4. Adatta il tono di voce e le espressioni per rafforzare l'empatia

L'impatto di una comunicazione empatica si amplifica quando il tono di voce, le espressioni facciali e il linguaggio del corpo sono in armonia con il messaggio verbale. Un tono di voce calmo, modulato e accogliente può rendere le parole più autentiche e rassicuranti, aiutando l'altra persona a sentirsi realmente compresa. Le espressioni facciali rilassate e uno sguardo diretto ma gentile completano il tono, riflettendo una sincera preoccupazione e disponibilità all'ascolto senza giudizio. Questa combinazione invia un messaggio di empatia che va oltre le parole, creando un ambiente di supporto e rispetto.

Ad esempio, quando si formula una dichiarazione empatica come "mi sembra che questa situazione ti stia mettendo alla prova," accompagnarla con un leggero cenno del capo o inclinando il corpo verso l'interlocutore può rafforzare la percezione di interesse e presenza. Questi gesti, sebbene sottili, hanno il potere di comunicare attenzione e cura, rafforzando la connessione emotiva.

Essere consapevoli della postura e dei gesti aiuta anche a evitare segnali involontari che potrebbero contraddire il messaggio. Incrociare le braccia, distogliere lo sguardo o mantenere un tono freddo possono essere interpretati come segni di disinteresse, anche se le parole sono di supporto. La coerenza tra linguaggio verbale e non verbale invia un segnale chiaro: sei presente e disposto a comprendere l'altro. Questa coerenza non solo rafforza l'empatia, ma crea anche uno spazio sicuro e di fiducia in cui l'interlocutore può esprimere liberamente le proprie emozioni.

5. Fai domande aperte per confermare la tua lettura

Interpretare i segnali non verbali può essere complesso, poiché le emozioni spesso si esprimono in modo sfumato e, talvolta, ambiguo. Per evitare fraintendimenti e garantire una comprensione accurata, porre domande aperte è una strategia essenziale. Invece di assumere o imporre un'interpretazione, domande come "Ti senti sopraffatto dalla situazione?" o "Ti andrebbe di condividere come ti sta influenzando tutto questo?" invitano l'interlocutore a esplorare ed esprimere le proprie emozioni senza restrizioni. Questo tipo di domande non solo dimostrano una disponibilità all'ascolto, ma offrono anche all'interlocutore la libertà di chiarire o precisare ciò che realmente prova.

Fare domande aperte mostra che dai valore alla sua prospettiva e sei interessato alla sua esperienza, senza cercare di ridurre le sue emozioni a una semplice interpretazione. Ad esempio, anziché dire "Mi sembri frustrato," formulare una domanda come "Quali aspetti di questa situazione ti stanno colpendo di più?" permette all'interlocutore di decidere come vuole rispondere. Questo non solo rafforza l'autenticità nella comunicazione, ma consente anche di esprimersi con la profondità che sceglie, senza sentirsi giudicato o incasellato in un'etichetta emotiva.

Inoltre, questo modo di porre domande crea uno spazio sicuro e di fiducia, mostrando all'altro che hai un interesse genuino a conoscere la sua esperienza. Evitando domande che suggeriscono una risposta specifica, crei un'atmosfera in cui l'altra persona si sente libera di esprimere il proprio stato emotivo con sincerità. Questo, a sua volta, rafforza la connessione interpersonale, poiché si percepisce il tuo rispetto per la sua autonomia e il tuo desiderio sincero di comprendere la sua prospettiva in modo empatico e senza pressioni.

6. Accetta la possibilità di sbagliarti e usa la correzione per imparare

Nella lettura mentale, assumere un atteggiamento aperto e flessibile è fondamentale, poiché non sempre coglierai l'emozione o l'esperienza in modo preciso. Riconoscere che puoi sbagliarti e accettare le correzioni con apertura rafforza la connessione con l'altro e dimostra la tua volontà genuina di comprendere. Se qualcuno risponde con una correzione o chiarisce il proprio stato emotivo, questo non va visto come un errore, ma come un'opportunità preziosa di apprendimento.

Ascoltare attentamente la correzione e mostrare gratitudine per il chiarimento permette all'altra persona di percepire il tuo rispetto per la sua esperienza, aumentando la fiducia nella comunicazione. Invece di difendere la tua percezione iniziale, puoi rispondere con frasi come "Grazie per avermelo detto, è importante per me capirti bene." Questa risposta dimostra che sei disposto ad adattare la tua comprensione in base a ciò che la persona prova ed esprime realmente.

Inoltre, questo atteggiamento di apprendimento continuo ti aiuta a migliorare le tue capacità di empatia e osservazione nel tempo. Con ogni correzione ricevuta, potrai affinare la tua capacità di interpretazione, imparando a cogliere meglio i segnali non verbali ed emotivi in diversi contesti. Invece di affrettarti a definire lo stato emotivo dell'altro, queste esperienze ti insegnano ad adottare un approccio più riflessivo e umile, ricordando che la vera empatia implica essere disposti ad ascoltare e ad adattarsi, costruendo insieme una comprensione più profonda e rispettosa.

7. Sviluppa sensibilità alle pause e al ritmo della conversazione

Il ritmo, le pause e la cadenza in una conversazione sono segnali sottili ma potenti che possono riflettere emozioni profonde o tensioni interne. Ad esempio, una pausa prolungata o un rallentamento nel parlare può indicare disagio, riflessione o la necessità di elaborare emozioni prima di rispondere. Essere sensibili a questi dettagli migliora la tua capacità di comprendere lo stato emotivo dell'interlocutore senza che questo debba esprimerlo esplicitamente.

Esercitati a osservare questi cambiamenti in ogni interazione, poiché sono particolarmente rivelatori nelle conversazioni profonde o difficili. Se qualcuno si prende un momento prolungato per rispondere a una domanda, o se il ritmo del suo discorso cambia improvvisamente, potrebbe significare che sta elaborando qualcosa di complesso. Invece di insistere per ottenere una risposta rapida, puoi alleggerire il momento dicendo: "Vedo che ti stai prendendo del tempo per riflettere; capisco che potrebbe essere un argomento difficile da esprimere." Questo tipo di commento mostra rispetto per il suo processo interno e convalida la sua necessità di spazio per pensare, il che genera fiducia ed empatia.

Sfruttare queste pause come opportunità per sostenere l'altro non solo ti rende un ascoltatore più attento, ma favorisce anche un ambiente di conversazione in cui l'altra persona si sente sicura di esprimere i propri sentimenti. Questo tipo di sensibilità fa sì che l'interlocutore percepisca che sei presente, ascoltando non solo le parole, ma anche il sottotesto emotivo, permettendogli di aprirsi nei suoi tempi e ritmi, rafforzando così la connessione e la profondità della conversazione.

8. Concentrati sulle emozioni e sui bisogni, non sui giudizi di valore

La chiave per una lettura mentale empatica è focalizzarsi sui sentimenti e sui bisogni dell'altra persona, evitando valutazioni che possano essere interpretate come critiche o giudizi. Questo aiuta a creare un ambiente di fiducia in cui l'interlocutore si sente compreso, piuttosto che analizzato o giudicato. Quando si pratica la lettura mentale, è essenziale che le osservazioni riflettano esclusivamente l'esperienza emotiva della persona, senza trarre conclusioni sul "perché" dei suoi sentimenti o esprimere giudizi sulle sue azioni.

Formulare i tuoi commenti in modo neutro e rispettoso è fondamentale per far sì che l'altro senta che la sua esperienza è valida. Ad esempio, se qualcuno mostra segni di frustrazione, anziché dire "sembri frustrato perché non sei riuscito a farlo bene" —il che potrebbe sembrare una critica indiretta alle sue capacità— è preferibile dire qualcosa come "sembra che questa situazione ti abbia frustrato, ti andrebbe di parlarne di più per capire meglio come ti ha influenzato?" Questo cambio di prospettiva evita di fare supposizioni sulla causa della frustrazione e, invece, dà spazio alla persona per condividere i propri sentimenti senza sentirsi sulla difensiva.

Questo approccio alle emozioni e ai bisogni non solo favorisce una comunicazione più aperta e priva di tensioni, ma dimostra anche che la tua intenzione è comprendere e sostenere, non correggere o giudicare. Con il tempo, sviluppare questa abilità porta a interazioni più rispettose ed empatiche, in cui l'interlocutore si sente visto e apprezzato per quello che è, creando una connessione significativa e duratura.

9. Scegli il momento giusto per applicare la lettura mentale

L'efficacia della lettura mentale dipende in gran parte dalla scelta del momento adatto per applicarla. Non tutte le situazioni sono ideali per affrontare emozioni e bisogni latenti, e in momenti di forte tensione o con persone meno propense a condividere, potrebbe essere più opportuno aspettare. Scegliere attentamente il momento garantisce che l'interlocutore sia ricettivo, aumentando la probabilità che la lettura mentale venga accolta positivamente e produca l'effetto desiderato.

Per individuare il momento opportuno, osserva segnali di apertura nel linguaggio del corpo e nel tono della conversazione. Ad esempio, quando qualcuno esprime una preoccupazione o fa una pausa riflessiva, potrebbe essere un'indicazione che sta cercando comprensione ed è più disposto a condividere i propri pensieri. Al contrario, in situazioni di forte pressione, come una discussione accesa o un ambiente di lavoro stressante, tentare di applicare la lettura mentale potrebbe generare rifiuto o disagio, poiché la persona potrebbe non essere emotivamente pronta a ricevere il messaggio.

In una conversazione lavorativa, ad esempio, aspettare un momento di pausa, come una pausa caffè o una chiacchierata informale dopo la riunione, può essere più appropriato per mostrare supporto emotivo. Questo approccio dimostra sensibilità e rispetto verso il processo emotivo dell'altro, riconoscendo che ci sono momenti in cui è meglio concentrarsi sull'immediato e rimandare discussioni più profonde a quando le persone sono più rilassate e disponibili. Utilizzare la lettura mentale nei momenti giusti rafforza la connessione interpersonale, poiché l'interlocutore sentirà che rispetti il suo ritmo e che la tua intenzione è offrire supporto senza invadere o fare pressione.

10. Mantieni l'intenzione di sostenere, non di manipolare

La lettura mentale è uno strumento potente che deve essere utilizzato con empatia e rispetto. Quando l'intenzione dietro questa tecnica è autentica e volta a comprendere e sostenere l'altro, il suo impatto è positivo e contribuisce a una comunicazione sincera. È essenziale assicurarsi che la lettura mentale abbia lo scopo di costruire una connessione reale, piuttosto che dirigere o manipolare le emozioni verso un risultato predeterminato. Mantenendo il focus sul sostegno all'interlocutore, crei uno spazio sicuro in cui possa esprimere liberamente pensieri ed emozioni senza sentirsi influenzato o sotto pressione.

Un'intenzione autentica rafforza il rispetto per l'autonomia emotiva dell'altra persona, permettendo al dialogo di svilupparsi in modo naturale e senza secondi fini. Ciò significa anche essere disposti ad accettare qualsiasi risposta, senza cercare di modificarla per raggiungere un obiettivo personale. Un approccio manipolativo, anche se sottile, può essere percepito nel tempo, danneggiando la fiducia e l'apertura che si cerca di costruire.

Per garantire che la tua intenzione sia percepita come sincera, usa un tono caldo, mantieni il contatto visivo in modo rilassato e formula le tue interpretazioni in modo aperto e non definitivo. Questo permetterà all'altra persona di riconoscere il tuo interesse genuino per il suo benessere, facilitando una comunicazione più diretta e duratura.

ESERCIZI PER PRATICARE LA LETTURA MENTALE

Esercizio 1: Osservazione dettagliata

Obiettivo: Sviluppare abilità avanzate di osservazione per comprendere meglio gli stati emotivi e i pensieri degli altri senza la necessità di una comunicazione verbale diretta.

Istruzioni:

1. **Preparazione:** Prima di iniziare, prenditi un momento per concentrarti e prepararti a osservare con attenzione. Puoi fare un breve esercizio di respirazione per schiarirti la mente e affinare i tuoi sensi.

2. **Osservazione attiva:** Durante la giornata, in qualsiasi interazione con altre persone, sia sul lavoro, a casa o durante attività sociali, concentrati sull'osservazione attenta delle espressioni facciali, del tono di voce e del linguaggio del corpo. Presta particolare attenzione ai gesti sottili, ai cambiamenti nell'intonazione della voce e al contatto visivo che possono indicare come si sentono realmente.
3. **Analisi e deduzione:** Prova a dedurre i pensieri o le emozioni sottostanti dietro questi segnali non verbali. Ad esempio, una fronte aggrottata può indicare confusione o preoccupazione, mentre un tono di voce delicato può suggerire tristezza o esitazione.
4. **Registrazione:** Tieni un diario delle tue osservazioni e delle inferenze che fai. Annota specificamente quali segnali hai osservato e cosa credi significassero.
5. **Verifica:** Alla fine della giornata, se possibile, verifica le tue inferenze con le persone osservate per valutare la precisione delle tue interpretazioni. Fai domande in modo rispettoso e aperto, ad esempio: "Ho notato che sembravi un po' preoccupato durante la riunione, va tutto bene?".
6. **Riflessione:** Rifletti sull'esperienza. Cosa hai imparato sulla precisione delle tue percezioni? Ci sono stati segnali che hai interpretato correttamente o frainteso? Come puoi migliorare la tua capacità di leggere segnali non verbali in futuro?

Questo esercizio non solo migliora le tue abilità di lettura mentale, ma favorisce anche una maggiore empatia e comprensione nelle tue relazioni, elementi essenziali per una comunicazione efficace e persuasiva.

Esercizio 2: Empatia nella conversazione

Obiettivo: Sviluppare abilità avanzate di empatia e comunicazione efficace utilizzando la tecnica della lettura mentale per comprendere e rispondere ai pensieri ed emozioni non verbalizzati del tuo interlocutore.

Istruzioni:

1. **Preparazione:** Prima di iniziare una conversazione, prenditi un momento per concentrarti. Stabilisci l'intenzione di essere completamente presente e attento durante il dialogo.
2. **Interazione consapevole:** Durante la conversazione, concentrati nell'ascoltare non solo le parole del tuo interlocutore, ma anche nel cogliere le emozioni e i pensieri sottostanti attraverso le sue espressioni facciali, il tono di voce e il linguaggio del corpo.
3. **Analisi e adattamento:** Sulla base delle tue osservazioni, prova a inferire ciò che l'altra persona potrebbe pensare o sentire senza esprimerlo apertamente. Ad esempio, se noti esitazione nella voce o uno sguardo evitante, potrebbe sentirsi a disagio o insicura riguardo all'argomento in discussione.
4. **Risposta empatica:** Adatta le tue risposte e i tuoi commenti per affrontare quei pensieri o sentimenti impliciti. Questo può comportare il riconoscimento delle loro emozioni, dicendo ad esempio: "Sembra che questo sia qualcosa che ti appassiona davvero" o "Capisco che questa situazione possa essere molto impegnativa".
5. **Riflessione:** Alla fine della conversazione, rifletti su come l'adattamento delle tue risposte, basato sulla tua lettura mentale, abbia influenzato la dinamica del dialogo. Valuta se la conversazione è sembrata

più connessa e se il tuo interlocutore sembrava più aperto e partecipe.

6. **Diario dell'empatia:** Tieni un diario di queste interazioni e delle tue riflessioni per monitorare i tuoi progressi nelle abilità di lettura mentale ed empatia. Annota ciò che ha funzionato bene e ciò che potresti migliorare nelle conversazioni future.

Questo esercizio ti aiuterà ad affinare le tue capacità di percezione ed empatia, consentendoti di comunicare in modo più efficace e compassionevole. Queste competenze sono fondamentali per qualsiasi tipo di interazione, sia personale che professionale.

Esercizio 3: Analisi dei conflitti

Obiettivo: Sviluppare la capacità di lettura mentale per comprendere meglio i pensieri e i sentimenti degli altri durante un conflitto, promuovendo risoluzioni più pacifiche ed efficaci.

Istruzioni:

1. **Riflessione iniziale:** Pensa a un conflitto recente che hai avuto, sia sul lavoro, con un amico o in una situazione familiare. Scrivi un breve riassunto del conflitto, dettagliando come è nato e qual è stata la tua reazione iniziale.
2. **Analisi della situazione:** Su un foglio, scrivi cosa pensi che l'altra persona stesse pensando o provando durante il conflitto. Considera il linguaggio del corpo, il tono di voce e qualsiasi cosa abbia detto che possa aver rivelato il suo stato emotivo. Cerca di essere il più obiettivo possibile nell'analizzare le possibili emozioni non espresse.
3. **Riscrittura dell'interazione:** Ora riscrivi lo scenario del conflitto, affrontando quei pensieri e sentimenti impliciti in modo più empatico e risolutivo. Ad

esempio, se pensi che l'altra persona fosse frustrata o preoccupata, avresti potuto dire qualcosa come: "Sembra che questa situazione ti stia causando molta frustrazione, ti andrebbe di parlarne per cercare insieme una soluzione?"

4. **Risultati ipotetici:** Immagina come potrebbe essere cambiata la dinamica del conflitto se avessi utilizzato la lettura mentale per affrontare quei sentimenti e pensieri impliciti. Pensi che avrebbe potuto portare a una risoluzione più pacifica o comprensiva?
5. **Apprendimento e riflessione:** Scrivi una breve riflessione su ciò che hai imparato da questo esercizio. Come ti aiuterebbe la lettura mentale nei conflitti futuri? Come puoi integrare questa abilità nelle tue interazioni quotidiane per migliorare la risoluzione dei problemi?

Questo esercizio ti aiuterà a usare l'empatia e l'osservazione per gestire i conflitti in modo più efficace, contribuendo a una comunicazione migliore e a una maggiore comprensione reciproca in situazioni difficili.

CAPITOLO 6
METAFORE E ANALOGIE

Le metafore e le analogie sono strumenti essenziali nell'arte della comunicazione persuasiva perché permettono di semplificare concetti complessi, facilitandone la comprensione e creando una connessione emotiva più profonda con l'ascoltatore. Invece di presentare semplicemente le informazioni in modo diretto, l'uso di una metafora o di un'analogia consente al comunicatore di trasferire un'idea astratta su un terreno familiare e concreto per il destinatario. Questo non solo rende il messaggio più accessibile, ma aumenta anche le probabilità che l'ascoltatore lo ricordi e lo interiorizzi.

Una metafora stabilisce un confronto implicito tra due cose che, in superficie, possono sembrare molto diverse, ma che condividono caratteristiche chiave. Ad esempio, dire che "la vita è un viaggio" invita la persona a vedere la propria vita come una serie di tappe, con ostacoli e opportunità di crescita, in modo che risulti più facile da visualizzare e comprendere. Le metafore possono evocare immagini, sentimenti e associazioni che aiutano l'ascoltatore a creare una rappresentazione mentale chiara di ciò che viene discusso.

D'altra parte, le analogie sono confronti più espliciti utilizzati per evidenziare le somiglianze tra due situazioni o concetti diversi. Mentre una metafora potrebbe dire "la tua mente è una fortezza", un'analogia spiegherebbe che "la mente funziona come una fortezza: quando rafforzi le sue difese, è più difficile che le influenze negative entrino". Le analogie consentono di spiegare relazioni complesse collegandole a scenari familiari, rendendole uno strumento didattico potente in contesti educativi, di marketing o di leadership.

Il potere delle metafore e delle analogie non risiede solo nella loro capacità di semplificare ciò che è complesso, ma anche nella loro abilità di evocare emozioni e sentimenti profondi nel destinatario. Associando un'idea a un'immagine o a un'esperienza emotiva, il comunicatore può influenzare lo stato emotivo dell'ascoltatore e indirizzare l'interpretazione del messaggio verso una direzione specifica. Ad esempio, invece di descrivere una sfida come "un compito difficile", riferirsi a essa come "una montagna da scalare" non solo trasmette la difficoltà, ma anche il senso di realizzazione potenziale che attende alla fine.

Questa capacità di risuonare emotivamente rende le metafore e le analogie particolarmente efficaci nei contesti in cui la persuasione gioca un ruolo cruciale, come nella motivazione personale, nella politica, nel marketing o anche nelle conversazioni quotidiane. Le persone tendono a connettersi più facilmente con storie, immagini e sensazioni, per cui queste figure retoriche rendono il messaggio più convincente e memorabile.

Inoltre, l'uso efficace di metafore e analogie può generare un senso di complicità tra il comunicatore e l'ascoltatore, poiché consente a entrambi di allinearsi su una stessa interpretazione o visione. Questo è particolarmente utile nelle negoziazioni, nelle vendite o nei discorsi motivazionali, dove la connessione emotiva è fondamentale per il successo del messaggio. Ad esempio, un leader che paragona gli sforzi del suo team al "remare insieme nella stessa direzione" sta creando un'immagine chiara di collaborazione e unità, rafforzando il senso di lavoro di squadra.

Nello sviluppo delle abilità di comunicazione persuasiva, sapere come e quando usare metafore e analogie è vitale. È necessaria pratica per scegliere i confronti appropriati, poiché non tutte le metafore o analogie saranno efficaci in ogni situazione. È essenziale che le immagini utilizzate siano allineate con i valori, le esperienze e il contesto dell'ascoltatore, affinché la connessione sia autentica e comprensibile. Una metafora mal utilizzata può avere l'effetto opposto, confondendo l'ascoltatore o creando disconnessione.

ESEMPI DI UTILIZZO

Esempio 1: In ambito lavorativo

Contesto: Un team leader vuole motivare il suo gruppo durante un progetto impegnativo, in cui diversi membri devono collaborare per rispettare scadenze strette e obiettivi ambiziosi. L'ambiente è carico di pressione e alcuni membri potrebbero sentirsi sopraffatti dalla responsabilità individuale.

Metafora: "Questo progetto è come una staffetta. Ognuno di noi ha una tappa fondamentale da completare, ma l'unico modo per vincere è passandoci il testimone in modo efficace e fidandoci del corridore successivo. Non si tratta solo della velocità individuale, ma di come manteniamo il ritmo insieme. Collaborando in questo modo, ogni passo ci avvicina al successo."

Impatto: Questa metafora aiuta il team a visualizzare il progetto come uno sforzo collettivo, dove ogni contributo è essenziale per il successo complessivo. La staffetta offre un'immagine chiara: il successo non dipende da un singolo corridore veloce, ma dalla coordinazione, dalla fiducia e dalla fluidità nel passaggio del testimone tra i compagni. Ciò evidenzia l'importanza dell'interdipendenza e favorisce un senso di responsabilità condivisa, riducendo lo stress individuale e aumentando la motivazione collettiva. La metafora evoca collaborazione e fiducia, poiché ogni persona deve contare sugli altri per raggiungere l'obiettivo finale. Inoltre, il riferimento sportivo ispira un senso di realizzazione condivisa, energizzando il team anche nei momenti di difficoltà.

Esempio 2: Nelle vendite

Contesto: Un venditore di software sta cercando di spiegare come il suo prodotto possa migliorare l'efficienza di un'azienda che fatica a gestire le operazioni a causa della complessità e del sovraccarico di compiti. I clienti cercano una soluzione che semplifichi il lavoro, riduca gli errori e ottimizzi le decisioni.

Analogia: "Il nostro software è come un copilota in un aereo. Non devi preoccuparti di ogni minimo dettaglio del volo, perché il copilota è lì per aiutarti. Ti guida durante il viaggio, assicurandosi che tu non esca dalla rotta e ti aiuta a prendere le decisioni migliori nei momenti critici, così puoi arrivare a destinazione in modo sicuro ed efficiente."

Impatto: L'analogia del copilota trasforma un prodotto tecnico e complesso in uno strumento accessibile e affidabile, che allevia il carico di lavoro del cliente. Il software non viene percepito come un sistema difficile che richiede attenzione costante, ma come un partner fidato che gestisce gran parte delle operazioni, consentendo al cliente di concentrarsi sugli aspetti essenziali del proprio business. Inoltre, l'idea di sicurezza ed efficienza sottolinea il valore del software in termini di stabilità, riduzione degli errori e miglioramento dei risultati. Questa immagine rassicurante rafforza la fiducia del cliente, posizionando il software come un alleato quotidiano che rende il lavoro più semplice e fluido.

Esempio 3: In ambito educativo

Contesto: Un professore di scuola secondaria nota che i suoi studenti tendono a rimandare lo studio fino all'ultimo minuto o cercano di coprire troppa materia senza un metodo chiaro. Nonostante abbiano capacità e risorse, manca loro una strategia efficace per massimizzare tempo ed energie.

Metafora: "Studiare senza un piano è come cercare di costruire una casa senza progetti. Immagina di avere mattoni, cemento e attrezzi, ma senza sapere come usarli o da dove iniziare. Potresti passare ore a posizionare i mattoni in modo casuale e alla fine la casa non sarebbe solida o funzionale. Ma se hai un progetto chiaro, sai esattamente cosa fare prima, dove va ogni pezzo, e il risultato sarà una casa stabile e ben costruita."

Impatto: Questa metafora rende un problema astratto, come la mancanza di organizzazione nello studio, facilmente comprensibile attraverso un'immagine concreta. Gli studenti possono facilmente relazionarsi alla frustrazione di lavorare duramente senza ottenere risultati, proprio come costruire una casa senza una struttura. Visualizzare lo studio come la costruzione di una casa solida incoraggia gli studenti ad adottare un approccio più strategico, sottolineando l'importanza della pianificazione. L'immagine di costruire qualcosa di duraturo rafforza l'idea che lo studio, se ben organizzato, porta a risultati concreti e soddisfacenti.

Esempio 4: In relazioni personali

Contesto: Un amico stretto è profondamente colpito dalla fine di una relazione. Sente che il dolore è opprimente e che nulla migliorerà, esprimendo tristezza e scoraggiamento riguardo al suo futuro emotivo. Vuoi offrirgli conforto e supporto in un modo che non minimizzi il suo dolore, ma che gli mostri che questa fase difficile non durerà per sempre.

Metafora: "Sai, le relazioni a volte sono come le stagioni dell'anno. In questo momento, ti trovi in un inverno che sembra lungo, freddo e buio, dove è difficile vedere oltre la tempesta. Ma proprio come la natura segue il suo ciclo, l'inverno non dura per sempre. La primavera arriva sempre, portando luce, nuovi inizi e fiori che non avresti mai immaginato potessero crescere. E, come la primavera, anche i momenti belli torneranno per te, anche se ora sembra impossibile."

Impatto: Questa metafora collega il dolore dell'amico a un ciclo naturale, normalizzandolo e ricordandogli che, anche se ora sta vivendo un periodo buio (l'inverno), si tratta di una fase transitoria. L'inverno, sebbene difficile, è necessario per il ciclo della natura, e allo stesso modo, il suo dolore fa parte di un processo inevitabile ma temporaneo della vita. Evocare l'immagine della primavera come rinascita offre una promessa di speranza e rinnovamento, suggerendo che tempi migliori arriveranno. Questo approccio aiuta ad alleviare il peso emotivo, offrendo conforto e una prospettiva di crescita e cambiamento positivo.

Esempio 5: In coaching personale

Contesto: Un cliente, durante una sessione di coaching personale, sta per fare un grande passo nella sua carriera. Si sente insicuro riguardo alla sua capacità di affrontare questo cambiamento e teme i rischi dell'ignoto. Il coach vuole infondergli fiducia e aiutarlo ad affrontare queste paure, offrendo una prospettiva più positiva sul futuro.

Metafora: "Fare questo passo nella tua carriera è come lanciarsi da un trampolino in piscina. All'inizio, mentre sei in piedi sul bordo, il vuoto sotto di te può sembrare intimidatorio e potresti esitare a saltare. Ma una volta che ti lanci, la paura svanisce nell'aria e, entrando nell'acqua, senti freschezza e sollievo per aver superato quel momento iniziale di incertezza. Come in quel salto, la sensazione di soddisfazione e leggerezza ti aspetta dall'altra parte."

Impatto: La metafora del trampolino rende concreta l'esperienza della paura, ma la presenta anche come temporanea. L'immagine del lancio in acqua suggerisce che, sebbene la decisione sia difficile all'inizio, affrontare quella paura porta a una sensazione di sollievo e soddisfazione. Questa metafora aiuta a normalizzare il timore del cliente, incorniciandolo come un passaggio necessario per avanzare. Rafforza la fiducia suggerendo che, una volta superato quel momento di incertezza, l'esperienza sarà rigenerante e gratificante.

Esempio 6: In sviluppo personale

Contesto: Un libro di auto-aiuto motiva i lettori a intraprendere azioni e rompere con le proprie limitazioni autoimposte, uscendo dalla loro zona di comfort. L'obiettivo è aiutare i lettori a superare la paralisi causata dalla paura dell'ignoto, guidandoli verso nuove esperienze e capacità personali.

Metafora: "La tua zona di comfort è come una bolla. All'interno di essa, tutto sembra sicuro, prevedibile e sotto controllo. Tuttavia, le bolle, sebbene tranquille, sono limitanti; se non osi mai uscire da quella bolla, non scoprirai mai quanto grande e meraviglioso sia il mondo al di fuori. La vita più ricca, piena di crescita e scoperta, si trova proprio oltre quella sottile barriera di sicurezza. Uscendo, non solo vedrai di più, ma scoprirai nuovi modi di essere e di fare."

Impatto: La metafora della bolla visualizza chiaramente il concetto di zona di comfort. Evoca un'immagine di contenimento e sicurezza che, tuttavia, limita la crescita. Presentare la bolla come qualcosa che restringe le prospettive invita il lettore a romperla per esplorare nuove opportunità. Questa metafora motiva all'azione, mostrando che la "bolla" è fragile e che romperla non comporta un pericolo reale, ma apre la porta a nuove esperienze e possibilità di crescita.

LINEE GUIDA PER CREARE METAFORE E ANALOGIE EFFICACI

Di seguito ti presento linee guida pratiche per sviluppare metafore e analogie che risuonino realmente con il tuo pubblico e rafforzino il messaggio che desideri trasmettere:

1. Conosci il tuo pubblico

Conoscere il proprio pubblico è il primo passo fondamentale per creare metafore e analogie efficaci che abbiano un impatto e catturino l'attenzione di chi ti ascolta. Comprendere le caratteristiche e il contesto del tuo pubblico ti consente di selezionare immagini che non solo siano familiari, ma che si allineino anche ai loro valori, esperienze e conoscenze. Questa connessione è essenziale, poiché una metafora ben scelta può trasformare un messaggio astratto in qualcosa di tangibile e comprensibile, mentre una metafora inappropriata può generare confusione o disinteresse.

Dedica del tempo a osservare e a comprendere il tuo pubblico. Considera fattori come l'età, la professione, il livello educativo e il contesto culturale. Ad esempio, se ti rivolgi a un gruppo di professionisti sanitari, utilizzare metafore legate alla medicina o alla cura dei pazienti sarà molto più efficace rispetto a fare riferimento al mondo dello spettacolo. Allo stesso modo, un pubblico di studenti universitari potrebbe rispondere meglio a riferimenti culturali contemporanei che riflettono la loro vita quotidiana.

Inoltre, esplora i loro interessi e le sfide comuni che affrontano. Quali sono le loro preoccupazioni o aspirazioni? Puoi utilizzare situazioni quotidiane o eventi attuali che conoscano e che siano rilevanti per il messaggio che vuoi trasmettere. In questo modo, non solo faciliti una connessione emotiva più forte, ma favorisci anche una comprensione più profonda. Una metafora basata sull'esperienza dell'ascoltatore, come "affrontare un progetto è come scalare una montagna: bisogna pianificare, adattarsi ai cambiamenti e celebrare ogni piccolo traguardo lungo il cammino", sarà molto più efficace rispetto a un'immagine astratta priva di un legame diretto con la loro realtà.

Ricorda che l'obiettivo di una buona metafora non è solo catturare l'attenzione, ma anche facilitare una comprensione profonda del messaggio. Quando riesci a creare un'immagine mentale che risuona con il pubblico, costruisci un ponte che permette al messaggio di viaggiare in modo più efficace e significativo. In definitiva, conoscere il proprio pubblico non è solo una strategia comunicativa, ma un atto di rispetto che dimostra quanto tu valorizzi la loro prospettiva e la loro esperienza, arricchendo l'interazione e favorendo una connessione autentica.

2. Usa immagini familiari

Le metafore e le analogie più efficaci si basano su immagini, oggetti o esperienze comuni e facilmente visualizzabili per l'ascoltatore. La familiarità della metafora accelera la comprensione e consente al messaggio di fissarsi più profondamente nella mente del ricevente. Utilizzando elementi quotidiani e riconoscibili, rendi la tua comunicazione accessibile e chiara, facilitando l'assimilazione del significato senza necessità di ulteriori spiegazioni.

Per massimizzare l'efficacia delle tue metafore, è fondamentale evitare paragoni troppo astratti o specifici di settori sconosciuti. Un uso eccessivo di terminologia tecnica o di concetti poco familiari può allontanare l'ascoltatore e far perdere il filo del discorso, minando l'impatto del messaggio. Al contrario, un'immagine semplice e visiva, come "remare insieme in una barca" per rappresentare il lavoro di squadra, non solo crea un'immagine immediata di sforzo condiviso e coordinazione, ma evoca anche emozioni positive legate alla collaborazione.

Usare metafore basate su esperienze condivise – come dinamiche della vita quotidiana, relazioni interpersonali o fenomeni naturali – facilita una connessione emotiva più profonda. Queste immagini permettono all'ascoltatore di immergersi nel messaggio senza distrazioni, creando uno spazio di riflessione efficace. Ad esempio, paragonare l'adattamento ai cambiamenti lavorativi al "navigare in acque turbolente" non solo collega l'esperienza di affrontare le difficoltà, ma stimola anche una risposta emotiva che può ispirare all'azione o alla riflessione.

La forza delle immagini familiari risiede nella loro capacità di evocare ricordi e associazioni personali, facendo sì che la metafora risuoni in modo unico con ciascun individuo.

Sfruttando questo potenziale, il tuo messaggio non solo sarà più memorabile, ma costruirai anche un ponte che facilita empatia e comprensione reciproca. In definitiva, l'uso di metafore basate sulla familiarità rende le tue idee non solo comprese, ma anche percepite e ricordate, rafforzando l'efficacia della tua comunicazione.

3. Rendila rilevante al contesto

Una metafora o analogia efficace non deve solo essere chiara, ma anche strettamente allineata al contesto del messaggio che desideri trasmettere. Questo implica che il paragone deve avere un legame naturale ed evidente con il tema centrale, rafforzando l'idea che vuoi mettere in evidenza. Quando la metafora è contestualizzata adeguatamente, non solo migliora la comprensione, ma genera anche una risonanza più profonda con l'ascoltatore, che percepisce il messaggio come autentico e pertinente.

La rilevanza contestuale permette all'ascoltatore di sentirsi più connesso con l'idea, poiché si riflette sulla sua esperienza personale e sulle circostanze che gli sono familiari. Ad esempio, se stai parlando di produttività in ambito lavorativo, utilizzare la metafora "la produttività è come un giardino: ciò che coltivi e curi, fiorisce" si collega direttamente all'idea di investire tempo e dedizione per ottenere risultati visibili. Questa analogia non solo offre chiarezza, ma sottolinea anche l'importanza dell'impegno e dell'attenzione costante necessari per raccogliere i benefici nell'ambiente professionale.

Inoltre, scegliendo metafore che si allineano al contesto specifico, puoi fare appello alle emozioni e alle esperienze comuni del tuo pubblico, aumentando così l'efficacia della comunicazione. Ad esempio, in un contesto di lavoro di squadra, utilizzare la metafora di una "barca che naviga in acque turbolente" può risuonare profondamente con un team che ha affrontato sfide recenti, facendo sì che la metafora non solo sia comprensibile, ma anche emotivamente significativa. Questo approccio promuove un senso di unità e comprensione, poiché i membri del team possono facilmente identificarsi con l'idea di affrontare insieme le difficoltà.

In definitiva, la rilevanza nell'uso di metafore e analogie amplifica il loro impatto trasformando concetti astratti in immagini tangibili e accessibili. Rendendo il messaggio pertinente al contesto, non solo faciliti l'assimilazione delle informazioni, ma ispiri anche un'azione o riflessione che appare genuina e personale. Questo, a sua volta, favorisce un dialogo più profondo e significativo, permettendo al pubblico non solo di ascoltare, ma anche di coinvolgersi e identificarsi con il messaggio che stai trasmettendo.

4. Mantieni la semplicità

Le metafore e le analogie più efficaci sono quelle che trasmettono il messaggio con chiarezza e senza complessità superflua. La semplicità è fondamentale, poiché consente all'ascoltatore di comprendere immediatamente il paragone senza doverlo decifrare, garantendo che il messaggio venga percepito in modo fluido e naturale. Quando una metafora diventa troppo elaborata o include troppi elementi, rischia di distogliere l'attenzione dal punto centrale e di far perdere l'efficacia originale del messaggio.

Optare per analogie chiare e concise è essenziale per riassumere l'essenza di ciò che vuoi comunicare. Una buona metafora deve essere abbastanza semplice da permettere all'ascoltatore di visualizzarla facilmente e coglierne il significato senza sforzo. Ad esempio, invece di usare un paragone complicato come "Il nostro processo di lavoro è come un sistema di irrigazione automatizzata in una grande azienda agricola che richiede diversi cicli di regolazione," puoi semplificarlo con un'immagine più diretta, come "Il nostro processo è come una macchina ben oliata: ogni parte ha il suo ruolo, e tutto scorre meglio quando lavorano insieme." Questa metafora non solo è più accessibile, ma facilita anche la comprensione grazie all'uso di un'immagine familiare e facile da visualizzare.

Inoltre, mantenere la semplicità nelle tue metafore e analogie permette all'ascoltatore di concentrarsi sul messaggio di fondo, senza distrazioni causate da un linguaggio complesso o da elaborazioni eccessive. La chiarezza nella comunicazione è essenziale per rendere il messaggio memorabile e per farlo risuonare nella mente del ricevente. Evitando la complessità, dai all'ascoltatore l'opportunità di interiorizzare il paragone e di collegarlo alle proprie esperienze, aumentando la probabilità che il messaggio abbia un impatto duraturo.

In questo senso, creare metafore e analogie semplici promuove anche un ambiente in cui il pubblico si sente a proprio agio nell'esplorare e discutere l'argomento. La chiarezza del messaggio può favorire un dialogo più aperto e produttivo, in cui le idee fluiscono e si sviluppano in modo naturale. Questo non solo migliora la comunicazione, ma contribuisce anche a costruire un senso di connessione tra il comunicatore e l'audience, rafforzando la relazione e la comprensione reciproca. In definitiva, la semplicità non solo facilita la comprensione, ma arricchisce l'esperienza comunicativa, rendendo le tue metafore e analogie strumenti potenti nel tuo arsenale persuasivo.

5. Fai appello alle emozioni

Le metafore e analogie più memorabili sono quelle che riescono a stabilire una connessione emotiva, risuonando sia nel cuore che nella mente dell'ascoltatore. Per creare un impatto duraturo, è fondamentale che la metafora scelta non solo sia chiara e comprensibile, ma che evochi anche sentimenti che rafforzino il messaggio che desideri trasmettere. Le metafore che fanno leva su emozioni profonde come l'orgoglio, l'appartenenza, l'impegno o il superamento possono motivare il pubblico in modo più intenso e duraturo, trasformando il messaggio in un'esperienza emotiva arricchente anziché in un semplice concetto razionale.

Ad esempio, se desideri motivare un team, invece di

comunicare direttamente che "stanno facendo progressi," potresti optare per un'espressione più evocativa come: "Ognuno di voi è come una tessera fondamentale in una grande orchestra: insieme, state creando una sinfonia di successo." Questa immagine non solo è facile da comprendere, ma risveglia anche un senso di bellezza, armonia e orgoglio nello sforzo collettivo, invitando gli ascoltatori a sentirsi parte di qualcosa di significativo e stimolante. Utilizzando una metafora che si collega emotivamente, non solo si arricchisce il messaggio, ma si rafforza anche la relazione con il pubblico.

Fare appello alle emozioni consente inoltre al messaggio di avere un maggiore impatto sulla memoria degli ascoltatori. Le connessioni emotive tendono a durare più a lungo, il che significa che gli ascoltatori ricorderanno non solo ciò che è stato detto, ma anche come si sono sentiti nell'ascoltarlo. Questa connessione emotiva può essere particolarmente potente nelle situazioni in cui si cerca di promuovere un cambiamento comportamentale o una maggiore collaborazione, poiché gli ascoltatori si sentiranno più coinvolti e ispirati ad agire quando si legano emotivamente al messaggio.

Inoltre, le metafore che toccano le emozioni possono aprire uno spazio per la vulnerabilità e l'autenticità nella comunicazione. Quando gli ascoltatori sentono che le loro emozioni sono riconosciute e validate, sono più disposti a partecipare attivamente e a condividere le proprie esperienze. Questo tipo di interazione non solo crea un ambiente di fiducia e cameratismo, ma favorisce anche un dialogo più profondo e significativo. In definitiva, facendo appello alle emozioni attraverso metafore ben elaborate, non solo si trasmette un messaggio, ma si costruiscono ponti tra il comunicatore e il pubblico, rafforzando la comprensione e la connessione reciproca.

6. Crea contrasto o sorpresa

Perché una metafora catturi davvero l'attenzione, può essere utile sfruttare l'effetto sorpresa collegando due idee che normalmente non sarebbero associate. Questo approccio non solo spicca, ma stimola anche l'interesse e la riflessione, poiché invita l'ascoltatore a riconsiderare un concetto da una prospettiva nuova. Tuttavia, la sorpresa deve rimanere all'interno di un quadro logico: il paragone deve essere facile da visualizzare e comprendere, senza risultare confuso. Cercare elementi opposti ma complementari è una tecnica potente per introdurre questo tipo di metafore, poiché il contrasto tra idee aggiunge profondità al messaggio. Ad esempio, descrivere la creatività come un labirinto —dove perdersi è necessario per trovare un'uscita unica— può essere inaspettato, ma al tempo stesso logico, poiché la creatività spesso implica un processo caotico che porta a scoperte originali.

Un'altra strategia efficace è introdurre metafore che invitino a una riflessione inaspettata su concetti familiari. Dire qualcosa come "La motivazione è come la gravità: invisibile, ma tiene tutto in equilibrio" porta l'ascoltatore a collegare l'idea di motivazione con qualcosa di tangibile e costante, permettendogli di comprenderne l'importanza in modo più concreto e profondo. Bilanciare l'insolito con il familiare permette che il contrasto sia efficace e memorabile. Ad esempio, un paragone come "Risolvere i conflitti è come spolverare una libreria: ignorarlo accumula solo più problemi" presenta un'immagine quotidiana e facile da immaginare che sorprende e rafforza l'idea che i problemi non risolti tendono a crescere.

Usare contrasti o elementi sorprendenti nelle metafore provoca una connessione attiva con il messaggio, poiché l'ascoltatore deve partecipare mentalmente per comprendere l'analogia, rendendo il concetto memorabile e favorendo una comprensione più ricca e duratura.

7. Rendila visiva e sensoriale

Per creare metafore e analogie veramente efficaci, è fondamentale attivare i sensi dell'ascoltatore e far sì che il concetto prenda vita a livello sensoriale. Le metafore che evocano sensazioni tattili, uditive, olfattive, visive o cinestetiche non solo aiutano a comprendere l'idea, ma permettono anche all'ascoltatore di sperimentare emotivamente il messaggio, creando così una connessione più profonda e significativa. Integrando elementi sensoriali nelle tue metafore, trasformi un'idea astratta in qualcosa di quasi tangibile, facilitando l'interiorizzazione e la memorizzazione del concetto.

Ad esempio, invece di affermare semplicemente che "questo cambiamento ha migliorato la nostra efficienza", puoi utilizzare una metafora che attivi un'esperienza fisica ed emotiva, come: "Questo cambiamento è stato come togliere un peso dalle nostre spalle, liberandoci per avanzare con più agilità e freschezza." Questo paragone non solo dipinge un'immagine visiva chiara, ma richiama anche la sensazione fisica di sollievo e libertà, rendendo la metafora comprensibile ed evocativa.

Inoltre, incorporare elementi sensoriali trasforma la metafora in un'esperienza personale e significativa per l'ascoltatore, permettendogli di percepire l'impatto del cambiamento in modo tangibile. Un altro esempio potrebbe essere paragonare la creatività a "esplorare una foresta densa all'alba", dove la consistenza delle foglie umide e l'aria fresca suggeriscono un'esperienza sensoriale completa che va oltre il semplice atto di creare. Questa metafora non solo evoca immagini vivide, ma invita l'ascoltatore a immergersi in un'esperienza di scoperta, sottolineando l'avventura e la sorpresa che possono accompagnare il processo creativo.

Attivare i sensi in questo modo arricchisce il messaggio, facendo sì che risuoni più profondamente con il pubblico. Le immagini sensoriali non solo catturano l'attenzione, ma facilitano anche la connessione emotiva, permettendo all'ascoltatore di partecipare alla narrazione che stai condividendo. Più immersiva è la metafora, più è probabile che l'ascoltatore non solo comprenda il messaggio, ma si senta ispirato e motivato ad agire in base all'idea presentata. Alla fine, le metafore che fanno appello ai sensi arricchiscono la comunicazione, lasciando un'impressione duratura nella mente e nel cuore di chi ascolta.

8. Concentrati sui benefici o risultati

Quando sviluppi una metafora, è essenziale che non solo faciliti la comprensione, ma ispiri anche l'ascoltatore a vedere i benefici e i risultati che puoi offrirgli. La metafora deve essere abbastanza potente da consentire al destinatario di visualizzare gli effetti positivi di intraprendere un'azione o adottare un'idea. Questo approccio orientato ai risultati non solo aiuta a chiarire il messaggio, ma promuove anche una connessione emotiva che va oltre l'aspetto puramente informativo, stimolando un senso di scopo o desiderio nell'ascoltatore.

Ad esempio, se stai presentando un prodotto o servizio, anziché concentrarti sui dettagli tecnici o sull'elenco delle caratteristiche, potresti usare una metafora che racchiuda il beneficio personale. Invece di dire "Questo software è molto efficiente e ottimizza le attività", potresti presentarlo così: "Usare questo software è come avere un assistente personale che anticipa le tue esigenze, regalandoti più tempo e libertà per concentrarti su ciò che conta davvero." Questo paragone non solo rende il messaggio più accessibile, ma mette in evidenza il beneficio finale: la semplicità, il risparmio di tempo e la personalizzazione offerta dal prodotto.

Enfatizzando come il software possa trasformare l'esperienza dell'utente, aiuti l'ascoltatore a visualizzare come questo strumento potrebbe migliorare la sua vita quotidiana. La metafora diventa così un'immagine convincente che posiziona il prodotto non solo come uno strumento, ma come un facilitatore di benessere o produttività. Questo approccio trasforma la vendita in una proposta di valore, rendendo il prodotto più attraente e ispiratore.

Allo stesso modo, concentrarsi sui benefici e sui risultati implica anche collegare la metafora ai desideri e alle esigenze del pubblico. Questo crea un senso di urgenza e rilevanza, incoraggiando l'audience a considerare l'impatto che l'azione suggerita potrebbe avere nella propria vita. Articolando chiaramente come l'adozione di un'idea o l'utilizzo di un prodotto possa portare a risultati positivi, trasformi il tuo messaggio in un invito all'azione che appare personale e significativo. Questo non solo migliora l'efficacia della comunicazione, ma rafforza anche la relazione tra il comunicatore e il pubblico, poiché emerge un interesse autentico per il benessere e la crescita dell'ascoltatore.

9. Prova e adatta in base alla reazione dell'ascoltatore

Provare e adattare le tue metafore in base alla reazione dell'ascoltatore è fondamentale per garantire che il tuo messaggio sia efficace. Nonostante la potenza di una buona metafora, è importante ricordare che ogni pubblico è unico, con diversi background, esperienze ed aspettative. Ciò che risuona profondamente con un gruppo potrebbe non avere lo stesso effetto su un altro. Essere ricettivi alle reazioni del pubblico ti rende un comunicatore più agile ed efficace.

La chiave è osservare attentamente i segnali non verbali dell'audience: espressioni facciali, posture e livelli di attenzione possono fornirti informazioni preziose su come stanno recependo il tuo messaggio. Se noti che una metafora non genera la reazione attesa —forse viene percepita come confusa o fuori luogo— non esitare ad adattarla. Questo processo può includere l'uso di un linguaggio più accessibile, un cambiamento nell'immagine o una connessione più rilevante con l'esperienza dell'audience. Ad esempio, se durante una discussione sulla resistenza al cambiamento dici "cambiare è come cercare di spostare una montagna" e vedi che l'audience appare scettica o disconnessa, puoi riformularla con qualcosa di più quotidiano e riconoscibile, come "cambiare è come imparare a guidare su una nuova strada: può sembrare complicato all'inizio, ma con la pratica ci si sente più a proprio agio".

Questo approccio non solo migliora l'efficacia della comunicazione, ma dimostra anche all'audience che apprezzi la loro comprensione e connessione emotiva con il messaggio. Promuovere un dialogo in cui le metafore possono essere adattate in base alla ricettività crea un'atmosfera di collaborazione, in cui tutti si sentono coinvolti nel processo comunicativo. In questo modo, le tue metafore e analogie diventano non solo strumenti di chiarezza, ma anche ponti per una connessione emotiva più profonda, facilitando la comprensione e la persuasione.

ESERCIZI PER PRATICARE L'USO DI METAFORE E ANALOGIE

Esercizio 1: Creazione di metafore semplici

Obiettivo:

Sviluppare la capacità di creare metafore di base che semplifichino concetti astratti o complessi, facilitandone la comprensione e rendendoli più attraenti.

Istruzioni:

1. **Identificazione di concetti astratti:**

- Pensa a cinque concetti che incontri nella tua vita quotidiana e che sono difficili da spiegare o che spesso generano diverse interpretazioni. Esempi di questi concetti possono essere: tempo, successo, pazienza, frustrazione, creatività, leadership, cambiamento, fiducia, paura o crescita.
- È importante scegliere concetti che abbiano rilevanza per te, poiché ciò ti permetterà di connetterti più facilmente con le metafore che creerai.

1. **Creazione di metafore:**

- Per ciascun concetto, scrivi una metafora che lo spieghi in modo visivo o tangibile. Una metafora efficace collega il concetto astratto a qualcosa di familiare, qualcosa che il lettore o l'interlocutore può visualizzare o sperimentare.
- Ad esempio, se hai scelto il concetto di "pazienza", potresti scrivere qualcosa come: *"La pazienza è come piantare un seme; non vedi risultati immediati, ma con cura e tempo, cresce qualcosa di bello e forte."*
- Un altro esempio potrebbe riguardare il concetto di "paura": *"La paura è come un'ombra al tramonto; sembra gigantesca e spaventosa, ma svanisce quando la affronti e continui a camminare."*

1. **Riflessione sull'impatto della metafora:**

- Dopo aver creato le metafore, rifletti su come l'uso della metafora cambi la percezione del concetto astratto. Chiediti: *Il concetto diventa più accessibile? Genera un'immagine mentale chiara? Rende il concetto più comprensibile o motivante per te o per gli altri?*
- Pensa a come una buona metafora possa cambiare non solo la comprensione, ma anche l'emozione che le persone associano a quel concetto. Ad esempio, una metafora positiva sul fallimento potrebbe aiutare a ridurre la paura che le persone provano nei suoi confronti: *"Il fallimento è come un trampolino; ti spinge verso nuove altezze se sai come usarlo."*

1. **Consiglio aggiuntivo:**

- Se hai difficoltà a creare metafore all'inizio, prova a pensare a situazioni quotidiane che ti sono familiari, come sport, natura, viaggi o attività di routine. Spesso, queste aree offrono confronti ricchi e facili da comprendere.

- Puoi anche osservare le metafore utilizzate in libri, discorsi, film o conversazioni quotidiane. Pratica identificandole e analizza perché funzionano bene o come potrebbero essere migliorate.

Esempio:

- **Concetto:** Cambiamento
- **Metafora:** *"Il cambiamento è come il vento in mare; all'inizio senti che ti spinge in tutte le direzioni, ma se aggiusti le vele, ti porterà verso nuovi orizzonti."*
- **Riflessione:** Questa metafora trasforma il cambiamento, che spesso causa incertezza o paura, in qualcosa di gestibile e pieno di potenziale. Dà all'ascoltatore una sensazione di controllo e possibilità, suggerendo che con l'atteggiamento giusto, il cambiamento può essere positivo ed emozionante.

Alla fine dell'esercizio, ti sentirai più a tuo agio nel creare metafore e comprenderai meglio come questi strumenti possano rendere i concetti astratti più accessibili, visivi ed emotivamente coinvolgenti.

Esercizio 2: Trasformazione di concetti tecnici in analogie

Obiettivo:

Semplificare idee tecniche o complesse utilizzando analogie che rendano questi concetti più accessibili a persone non familiari con l'argomento.

Istruzioni:

1. **Seleziona un concetto tecnico o complesso:**

- Scegli un concetto della tua area di specializzazione, lavoro o un argomento che trovi interessante. Questo concetto può appartenere a qualsiasi campo, come tecnologia, scienza, medicina, economia, ingegneria, ecc.
- Esempi di concetti tecnici includono: intelligenza artificiale, blockchain, sistema immunitario, elaborazione dati, neuroplasticità, tra altri.

1. **Scrivi una spiegazione tecnica del concetto:**

- Descrivi il concetto come faresti per qualcuno che ha già una conoscenza di base o avanzata sull'argomento. Non preoccuparti di semplificarlo in questa fase.
- Ad esempio, se scegli il concetto di "intelligenza artificiale", una spiegazione tecnica potrebbe essere: *"L'intelligenza artificiale si riferisce a sistemi informatici in grado di svolgere compiti che normalmente richiedono intelligenza umana, come il riconoscimento di schemi, la presa di decisioni o l'elaborazione del linguaggio naturale."*

1. **Converti la spiegazione in un'analogia:**

- Ora è il momento di rendere il concetto comprensibile per una persona senza esperienza tecnica. Una buona analogia collega il concetto complesso a qualcosa di quotidiano e facilmente comprensibile.
- Per lo stesso esempio di "intelligenza artificiale", una possibile analogia potrebbe essere: *"L'intelligenza artificiale è come un assistente che impara osservando come fai il tuo lavoro; col tempo, può svolgere compiti al posto tuo e persino anticipare ciò di*

cui hai bisogno, senza che tu debba spiegargli ogni dettaglio."

1. **Valuta la chiarezza dell'analogia:**

- Rifletti su come l'analogia facilita la comprensione del concetto. Chiediti se qualcuno non familiare con l'argomento potrebbe ora avere una migliore idea di cosa si tratta.
- Puoi anche chiedere a una persona esterna al settore se l'analogia li ha aiutati a capire il concetto. Se necessario, aggiusta l'analogia per migliorarne l'efficacia.

Consigli aggiuntivi per creare analogie efficaci:

- **Scegli qualcosa di familiare:** Perché l'analogia sia efficace, deve basarsi su qualcosa che la maggior parte delle persone conosce o sperimenta nella vita quotidiana.
- **Mantieni la comparazione semplice:** Evita di complicare l'analogia con troppi dettagli. Ricorda che l'obiettivo è rendere il concetto tecnico più accessibile.
- **Incorpora immagini visive:** Le analogie funzionano meglio quando creano un'immagine chiara nella mente del lettore o ascoltatore. La visualizzazione aiuta a rendere il concetto più memorabile.
- **Rendila rilevante per il tuo pubblico:** Pensa a chi stai spiegando il concetto e adatta l'analogia affinché sia comprensibile e significativa per quella persona o gruppo.

Esempio:

- **Concetto tecnico:** Blockchain
- **Spiegazione tecnica:** *La blockchain è una tecnologia di registro distribuito che permette la creazione di un database condiviso e sicuro, dove le transazioni sono verificate da una rete di computer indipendenti.*
- **Analogia semplificata:** *"La blockchain è come un libro contabile pubblico dove tutti i vicini del quartiere hanno una copia. Ogni volta che qualcuno effettua un pagamento o scambia qualcosa di valore, tutti i vicini lo annotano nei loro libri, così nessuno può modificare le informazioni senza che tutti se ne accorgano."*
- **Riflessione:** Questa analogia aiuta a visualizzare la decentralizzazione e la sicurezza dei registri blockchain in modo accessibile e facile da capire.

Al termine di questo esercizio, ti sentirai più sicuro nel semplificare concetti complessi utilizzando analogie, facilitando la comunicazione efficace sia in ambienti professionali che nelle interazioni personali.

Esercizio 3: Uso di metafore per la motivazione

Obiettivo:

Praticare la creazione di metafore persuasive che ispirino all'azione e offrano una nuova prospettiva sulle sfide.

Istruzioni:

1. **Identifica la situazione di motivazione:**

- Pensa a una situazione concreta in cui qualcuno ha bisogno di una spinta motivazionale. Questa può essere una situazione lavorativa, personale o una sfida interna.
- Esempi: Un team che sta affrontando difficoltà in un progetto, un amico che sta pensando di arrendersi di fronte a una difficoltà, o tu stesso di fronte a un ostacolo personale.

1. **Crea una metafora che ispiri all'azione:**

- La metafora deve offrire una nuova prospettiva sulla situazione, trasformando una sfida o una barriera in un'opportunità di crescita o cambiamento positivo.
- Pensa a esperienze che hai già vissuto o a immagini facilmente comprensibili per l'altra persona. Usa elementi che rappresentano sforzo, superamento o cambiamento.
- Esempio: *"Superare un ostacolo in questo progetto è come scalare una montagna. All'inizio sembra impossibile, ma passo dopo passo inizi a guadagnare terreno e, quando raggiungi la cima, vedi il panorama completo e senti che tutto lo sforzo è valso la pena."*

1. **Applica la metafora e rifletti:**

- Rifletti su come la metafora cambia la percezione della situazione. Fa sentire la sfida più raggiungibile o meno intimidatoria?
- Immagina o chiedi come si sentirebbe la persona (o tu stesso) dopo aver ascoltato la metafora. Valuta se questa immagine può generare un cambiamento nell'atteggiamento o nella motivazione verso il compito.

1. **Adatta se necessario:**

- Se senti che la metafora non ha l'impatto desiderato, adattala o prova con un'altra immagine più vicina alla realtà della persona. A volte, il contesto o gli interessi della persona determinano se una metafora risuona o meno.

- Puoi chiedere un feedback diretto alla persona a cui hai condiviso la metafora per sapere se l'ha aiutata a vedere le cose da una nuova prospettiva.

Consigli per metafore motivazionali:

- **Usa immagini di superamento:** Pensa a esperienze comuni come arrampicate, apprendimento, viaggi o competizioni. Queste spesso risuonano con molte persone perché tutti affrontiamo sfide e ci sforziamo di superarle.
- **Genera una connessione emotiva:** La migliore metafora non solo spiega il processo, ma ispira anche una connessione emotiva. Cerca un'immagine che evochi fiducia, determinazione o il senso di realizzazione.
- **Mantieni la metafora realistica ma ispiratrice:** Anche se la metafora deve ispirare, è importante che rifletta la realtà della sfida in modo che non sembri una soluzione semplicistica o irrealistica.

Esempio:

- **Situazione:** Stai aiutando un amico che si sente scoraggiato per non vedere risultati immediati nella ricerca di lavoro.
- **Metafora:** *"Cercare lavoro è come piantare semi in un giardino. Non vedi i risultati immediatamente, ma se continui a curarlo, annaffiarlo e dargli tempo, alla fine sbocceranno fiori e frutti."*
- **Riflessione:** Questa metafora aiuta a cambiare la prospettiva dall'impazienza alla pazienza, sottolineando che i buoni risultati richiedono tempo e dedizione, ma alla fine arrivano.

Praticando questo esercizio, sarai in grado di utilizzare metafore per ispirare te stesso e gli altri, cambiando la percezione delle difficoltà e creando un atteggiamento più positivo e risolutivo di fronte alle sfide.

Esercizio 4: Riscrivere messaggi con metafore e analogie

Obiettivo:

Arricchire un messaggio o un discorso utilizzando metafore e analogie per renderlo più persuasivo, visivo ed emozionalmente coinvolgente.

Istruzioni:

1. **Scrivi un messaggio semplice o diretto:**

- Scegli un tema o un messaggio che desideri comunicare. Può essere un consiglio pratico, una raccomandazione, una lezione di vita o anche la promozione di un prodotto o servizio.
- Mantieni il messaggio iniziale semplice e diretto.
- *Esempio:* "Risparmiare denaro è importante per avere stabilità finanziaria in futuro."

1. **Riscrivi il messaggio utilizzando una metafora o analogia:**

- Pensa a una metafora o analogia che colleghi il concetto del messaggio con un'immagine o un'esperienza familiare per il tuo pubblico. L'obiettivo è rendere il messaggio più visivo e facile da comprendere.
- *Esempio:* "Risparmiare denaro è come piantare un albero; ciò che oggi sembra solo un piccolo seme, con il tempo diventa qualcosa che ti darà ombra e frutti quando ne avrai più bisogno."

1. **Confronta entrambe le versioni:**

- Leggi entrambe le versioni del messaggio ad alta voce e analizza quale di esse ha un impatto emotivo maggiore.
- Rifletti su come la metafora o l'analogia cambia la percezione del messaggio. La versione con metafora è più persuasiva? Rende il concetto più facile da comprendere o visualizzare?

1. **Valutazione:**

- Chiedi a un amico o collega quale delle due versioni preferisce o quale trova più interessante. Se stai lavorando da solo, pensa a quale delle due versioni risuonerebbe di più con te se fossi parte del pubblico.
- Considera come l'uso della metafora non solo migliora la comprensione del messaggio, ma anche la sua capacità di ispirare o motivare un'azione.

Consigli aggiuntivi:

- **Connessione emotiva:** Le metafore più efficaci evocano emozioni o immagini che toccano profondamente il pubblico. Pensa a esperienze comuni che tutti hanno vissuto.
- **Chiarezza:** Assicurati che la metafora non complichi il messaggio, ma lo semplifichi. L'immagine che utilizzi deve chiarire il concetto, non renderlo più confuso.
- **Adattabilità:** Adatta la tua metafora o analogia al pubblico di riferimento. Assicurati che gli esempi o le immagini siano pertinenti per coloro che riceveranno il messaggio.

Esempio:

- **Messaggio originale:** "È importante essere pazienti quando si impara una nuova abilità."
- **Messaggio con metafora:** "Imparare una nuova abilità è come scolpire una pietra; ogni colpo può sembrare piccolo e insignificante all'inizio, ma con il tempo, modelli qualcosa di straordinario."

Questo esercizio non solo migliora la chiarezza del messaggio, ma aggiunge anche uno strato emotivo che può catturare l'attenzione del pubblico e rendere il messaggio più memorabile.

Esercizio 5: Riflessione personale attraverso le metafore

Obiettivo:

Utilizzare metafore per comprendere meglio le sfide personali e le emozioni, trasformando la percezione dei problemi in modo che appaiano più gestibili e incoraggianti.

Istruzioni:

1. **Identifica una sfida personale:**

- Rifletti su una difficoltà o situazione complicata che stai affrontando attualmente. Può riguardare la tua carriera, le relazioni, la salute o la crescita personale.
- Prenditi un momento per scrivere gli aspetti principali di questa sfida.

1. **Crea una metafora che descriva la sfida:**

- Pensa a una metafora che esprima come ti senti di fronte a questa difficoltà o che descriva la situazione in modo visivo. Usa immagini o scenari che risuonano con te personalmente.
- *Esempio:* "Questo cambiamento di carriera mi sembra come navigare in un mare sconosciuto;

l'acqua è incerta, ma so che devo andare avanti finché non vedrò terraferma."

1. **Rifletti su come la metafora cambia la tua percezione:**

- Analizza come ti senti descrivendo la sfida con una metafora. La metafora rende la situazione più gestibile o comprensibile? Ti aiuta a vedere la difficoltà come qualcosa di temporaneo o come parte di un processo più ampio?
- Pensa a come la metafora può influenzare le tue emozioni o motivazioni per affrontare la sfida. Ti senti più speranzoso, motivato o meno sopraffatto ora che hai inquadrato il problema in modo diverso?

1. **Riscrivi la tua sfida da una nuova prospettiva:**

- Se lo desideri, prova a riscrivere la difficoltà usando una metafora ancora più incoraggiante o potente, che non solo la descriva, ma che ti ispiri anche ad agire.
- *Esempio rivisto:* "Questo cambiamento di carriera è come esplorare un nuovo continente; so che ad ogni passo mi avvicino a scoprire nuove opportunità e nuove forze dentro di me."

1. **Valutazione:**

- Rifletti se questa nuova metafora può diventare una fonte di ispirazione o forza mentre affronti la sfida.
- Considera come puoi usare metafore simili in futuro per riformulare altre difficoltà e concentrarti su soluzioni o su una prospettiva più positiva.

Consigli aggiuntivi:

- **Sii creativo:** Non avere paura di sperimentare con metafore diverse. A volte, la metafora più insolita è quella che ti aiuta a vedere la situazione da una prospettiva completamente nuova.
- **Visualizza il progresso:** Quando crei una metafora, pensa a come può mostrare non solo la sfida attuale, ma anche il percorso verso la soluzione o il miglioramento.
- **Emozioni positive:** Cerca di includere nella tua metafora un'immagine di crescita, superamento o miglioramento per aiutarti a mantenere una mentalità positiva di fronte alla sfida.

Questo esercizio mira a trasformare la tua prospettiva sulle difficoltà personali, utilizzando le metafore come strumento per rendere le emozioni o le situazioni difficili più gestibili e comprensibili.

CAPITOLO 7
EQUIVALENZE COMPLESSE

Le equivalenze complesse sono una tecnica di comunicazione molto potente che si basa sul creare una connessione tra due idee o situazioni che, in realtà, non hanno una relazione causale diretta, ma che vengono presentate come se fossero intrinsecamente collegate. Questa risorsa retorica è particolarmente utile nell'ambito della persuasione, poiché aiuta a stabilire associazioni nella mente del ricevente, influenzando le sue credenze e decisioni senza bisogno di argomentazioni lunghe o dettagliate.

La chiave delle equivalenze complesse risiede nella loro semplicità. Suggerendo che "se X è vero, allora Y deve esserlo", si induce il pubblico ad accettare una connessione logica tra due elementi che non necessariamente hanno una relazione diretta. Questa apparente relazione causa-effetto viene stabilita attraverso un uso abile del linguaggio e della presentazione delle informazioni, il che può avere un impatto significativo sul pensiero e sul comportamento del ricevente.

Questo tipo di tecnica può essere particolarmente utile in situazioni di dibattito, in discussioni commerciali e nella vita quotidiana quando si cerca di influenzare il modo in cui gli altri percepiscono una situazione. Inoltre, le equivalenze complesse sono uno strumento importante per leader, venditori e comunicatori persuasivi che devono presentare idee complesse in modo che appaiano intuitivamente corrette.

È importante sottolineare che l'efficacia delle equivalenze complesse dipende dalla credibilità e dal modo in cui vengono presentate. Quando vengono utilizzate correttamente, possono rendere una proposta più convincente, poiché sembrano rafforzare una verità evidente o un fatto indiscutibile. Tuttavia, è altrettanto fondamentale essere consapevoli delle implicazioni etiche del loro utilizzo, poiché collegare idee in modo artificiale comporta il rischio di manipolare o distorcere la realtà.

Le equivalenze complesse non sono solo una risorsa utile per chi cerca di influenzare dibattiti o discussioni, ma possono anche contribuire a cambiare la percezione generale su un'idea o una situazione. Collegando due concetti in modo sottile, puoi indirizzare il pensiero del tuo interlocutore verso la conclusione che desideri, senza la necessità di un'argomentazione estesa o di una logica evidente.

ESEMPI DI UTILIZZO

Esempio 1: In una negoziazione lavorativa

Contesto: Un dipendente cerca di giustificare un aumento di stipendio con il suo supervisore, basandosi sull'impegno e i contributi recenti all'azienda. Durante la conversazione, il dipendente deve convincere il supervisore che la sua dedizione eccezionale merita una ricompensa adeguata.

Equivalenza complessa:

"Ho lavorato ore extra ogni giorno negli ultimi tre mesi, non solo per rispettare le scadenze, ma per assicurarmi che il team raggiunga i suoi obiettivi. Questo livello di dedizione dimostra che il mio impegno verso l'azienda è incrollabile, e un aumento di stipendio sarebbe un giusto riconoscimento per questo sforzo."

Impatto: In questo esempio, l'equivalenza complessa stabilisce un legame diretto tra l'impegno (ore extra) e la dedizione all'azienda. Sebbene non ci sia una relazione causale diretta tra lavorare più ore e ricevere un aumento, il dipendente utilizza questa equivalenza per collegare il duro lavoro al merito di una ricompensa. L'impatto di questa strategia in una negoziazione è che il datore di lavoro potrebbe sentirsi più incline a considerare l'aumento come segno di apprezzamento per l'impegno straordinario, evitando di concentrarsi solo su criteri tradizionali come l'anzianità o le politiche salariali standard. Il linguaggio, che presenta l'impegno come indicatore di valore per l'azienda, posiziona il dipendente come una risorsa preziosa che merita di essere premiata.

Esempio 2: Nelle vendite

Contesto: Un venditore sta partecipando a una riunione con un potenziale cliente che sta valutando diverse opzioni di prodotti sul mercato. Il cliente è indeciso e deve essere convinto che il prodotto offerto sia la scelta migliore, nonostante le opzioni sembrino simili in termini di caratteristiche.

Equivalenza complessa:

"I nostri prodotti sono sul mercato da oltre 20 anni, il che significa che non offriamo solo esperienza, ma garantiamo anche una qualità comprovata che altri semplicemente non possono eguagliare. Se qualcosa è durato così a lungo, è perché ha superato la prova dei clienti più esigenti."

Impatto: Il venditore stabilisce un'equivalenza complessa tra la longevità del prodotto sul mercato e la sua superiorità in termini di qualità e affidabilità. Anche se l'anzianità di un prodotto non garantisce automaticamente la qualità, la presentazione di questa idea suggerisce che i prodotti con una lunga storia siano migliori di quelli più recenti. Questo tipo di ragionamento influenza il cliente, che potrebbe associare automaticamente l'esperienza all'affidabilità, rafforzando la percezione che acquistare un prodotto collaudato sia una scelta più sicura. In questo modo, il venditore riesce a spostare l'ago della bilancia a suo favore, suggerendo che la longevità sia un marchio di eccellenza.

Esempio 3: Nelle relazioni personali

Contesto: Durante una conversazione con il proprio partner, una persona esprime frustrazione per la diminuzione di attenzioni percepite nella relazione. Sebbene la mancanza di messaggi possa dipendere da diversi fattori, la persona interpreta questa assenza come segno di disinteresse.

Equivalenza complessa:

"Se non mi scrivi durante il giorno, significa che non ti importa più come prima. Quando abbiamo iniziato, mi scrivevi spesso, e ora quasi non lo fai. È come se qualcosa nella nostra relazione fosse cambiato."

Impatto: In questo caso, l'equivalenza complessa associa un comportamento specifico (la mancanza di messaggi) a un'interpretazione emotiva profonda (mancanza di interesse). Anche se non esiste una relazione diretta tra i due, questa associazione può generare una risposta emotiva significativa nel partner, facendolo sentire in colpa o responsabile della situazione. Questo tipo di equivalenza è potente nei contesti emotivi perché collega un'azione o una mancanza di azione direttamente a uno stato d'animo, intensificando la conversazione. Se non gestita con attenzione, questa forma di comunicazione può creare incomprensioni, ma può anche aprire la porta a una discussione più onesta sulle aspettative e sui sentimenti non espressi.

Esempio 4: Nella leadership

Contesto: Un leader desidera motivare il proprio team ad accettare un progetto innovativo e impegnativo. Il team mostra resistenza a causa dell'incertezza legata al progetto, ma il leader vuole ispirarli a prendersi il rischio.

Equivalenza complessa:

"Accettare questo progetto innovativo non significa solo affrontare una nuova sfida, ma dimostra anche che siamo un team che osa essere all'avanguardia. Intraprendere questa strada significa che saremo riconosciuti come pionieri nel nostro settore, fissando lo standard per gli altri."

Impatto: In questo esempio, l'equivalenza complessa crea un legame tra l'accettazione del progetto (un'azione immediata) e il riconoscimento futuro (un risultato desiderato). Anche se il riconoscimento non è garantito, l'equivalenza motiva il team a correre il rischio con la speranza di ottenere ricompense e prestigio. Presentare il progetto come un'opportunità per emergere come leader del settore spinge il team a considerare il compito non solo come una sfida, ma come un'occasione di crescita e validazione professionale. Questa associazione tra azione e reputazione trasforma l'adesione al progetto in un trampolino di lancio per il successo collettivo, alimentando l'orgoglio e l'ambizione del gruppo.

Esempio 5: Nel miglioramento personale

Contesto: Un coach sta lavorando con un cliente che sta valutando di apportare cambiamenti significativi nella propria vita, come abbandonare abitudini poco salutari e adottare nuove routine per avvicinarsi ai propri obiettivi a lungo termine. Il cliente prova incertezza e paura del cambiamento, e il coach vuole motivarlo a fare questo passo importante.

Equivalenza complessa:

"Decidere di lasciar andare quelle vecchie abitudini non significa solo abbandonare qualcosa di familiare, ma è anche una chiara dimostrazione che ti stai impegnando seriamente verso il tuo successo futuro. Questo passo è la prova che sei pronto a crescere e costruire la vita che hai sempre desiderato."

Impatto: In questo caso, il coach utilizza un'equivalenza complessa per connettere l'azione immediata di abbandonare abitudini negative con un risultato più profondo e ambito: il successo personale. L'equivalenza suggerisce che il semplice atto di lasciar andare simboleggia un impegno verso il futuro, motivando il cliente a compiere scelte difficili. Il cliente non percepirà più l'azione come isolata, ma come un tassello essenziale nel suo percorso di crescita, rafforzando la determinazione a perseguire il cambiamento e a lavorare verso una versione migliore di sé stesso.

CONSIGLI PER CREARE EQUIVALENZE COMPLESSE IN MODO EFFICACE

1. Seleziona concetti con una carica emotiva o valore intrinseco

Quando crei un'equivalenza complessa, è fondamentale scegliere concetti che abbiano già una carica emotiva o un valore intrinseco per il destinatario. Parole e termini che evocano forti reazioni emotive possono diventare strumenti potenti nel tuo arsenale comunicativo. Ad esempio, termini come *"impegno," "leadership," "innovazione" o "successo"* non solo hanno un significato esplicito, ma attivano anche risposte emotive profonde, legate alle esperienze, aspirazioni e valori personali dell'ascoltatore.

Collegando questi termini emotivamente carichi a un'azione o a una caratteristica che vuoi enfatizzare, puoi creare equivalenze che risuonano più profondamente con il destinatario. Ad esempio, associare *"impegno"* con *"il nostro team è impegnato nell'eccellenza"* non solo rafforza il valore dell'impegno, ma genera anche un'immagine di un team dinamico ed efficace. Questa connessione emotiva può essere così forte da consolidare la percezione desiderata senza dover fornire lunghe spiegazioni o giustificazioni complesse.

È importante ricordare che le equivalenze complesse possono influenzare il modo in cui le persone interpretano e rispondono alle informazioni. Utilizzando concetti con una forte carica emotiva, aiuti il destinatario a interiorizzare l'equivalenza e ad associarla naturalmente alle proprie esperienze e convinzioni. Questo approccio non solo rende il tuo messaggio più persuasivo, ma può anche favorire un senso di identificazione e appartenenza nel ricevente.

Infine, considera come questi termini si allineano alla

narrativa complessiva che vuoi presentare. La coerenza nell'uso di concetti emotivi aiuta a rafforzare il messaggio globale e a creare una connessione più forte tra te e il pubblico. Usare equivalenze complesse che sfruttano parole cariche di significato facilita una comunicazione più efficace, ispiratrice e, in ultima analisi, persuasiva.

2. Usa un linguaggio concreto per la prima parte dell'equivalenza

Per rendere un'equivalenza complessa credibile ed efficace, è essenziale usare un linguaggio concreto nella prima parte della frase. Iniziare con un termine o un'affermazione chiara e specifica fornisce all'ascoltatore un punto di riferimento solido su cui si costruirà la seconda parte dell'equivalenza. Questa chiarezza iniziale aiuta il destinatario ad assimilare e comprendere il messaggio partendo da una base di certezza.

Ad esempio, invece di una frase vaga come *"Provare significa vincere,"* che può sembrare superficiale, è più efficace utilizzare un'affermazione più concreta e significativa: *"Provare con costanza riflette perseveranza."* Questa formulazione stabilisce un collegamento più forte tra lo sforzo e la qualità della perseveranza, consentendo all'ascoltatore di apprezzare la relazione intrinseca tra i due concetti.

L'uso di un linguaggio concreto non solo aumenta la ricettività del messaggio, ma ne rafforza anche la credibilità. Quando il destinatario riesce a identificare facilmente il significato della prima parte dell'equivalenza, è più incline ad accettare e considerare la seconda parte. Questo approccio facilita anche la creazione di immagini mentali chiare che aiutano l'ascoltatore a visualizzare e comprendere meglio il messaggio.

Inoltre, utilizzando un linguaggio specifico e tangibile, puoi stabilire una connessione emotiva con il pubblico, facendo sì che l'equivalenza risuoni con le loro esperienze personali. Questo è particolarmente efficace nei contesti in cui la persuasione e la motivazione giocano un ruolo chiave, poiché un'affermazione concreta può ispirare azioni o decisioni in linea con il messaggio trasmesso.

Infine, quando costruisci un'equivalenza complessa, assicurati che la transizione tra la prima e la seconda parte sia fluida e logica. La connessione tra i due elementi deve essere evidente, in modo che il destinatario percepisca la relazione senza sforzo. Adottando questo approccio, non solo migliorerai l'efficacia delle tue equivalenze complesse, ma faciliterai anche una comunicazione più incisiva e persuasiva.

3. Assicurati che le idee siano coerenti e fluide

Perché un'equivalenza complessa sia veramente efficace, è fondamentale che le idee presentate appaiano coerenti e scorrano naturalmente tra loro. Il successo di questo tipo di comunicazione si basa sulla capacità di creare una connessione che sembri logica e quasi inevitabile. Quando le idee si intrecciano organicamente, il destinatario è più propenso ad accettare la relazione senza metterla in discussione, aumentando così la probabilità che interiorizzi il messaggio.

Quando formuli un'equivalenza, la seconda parte dell'affermazione dovrebbe sembrare una naturale estensione della prima. Ad esempio, frasi come *"Sostenere il tuo team significa credere nel successo di tutti"* offrono una progressione chiara e fluida che facilita la comprensione. In questo caso, l'ascoltatore può seguire il filo del pensiero senza sforzo, riconoscendo che il sostegno al team è intrinsecamente legato alla fiducia e al successo collettivo.

D'altra parte, se le idee sembrano forzate o artificiali, c'è il rischio di generare resistenza o scetticismo. Un'equivalenza che tenti di collegare due concetti senza una relazione logica, come *"L'impegno personale è come un fiume che scorre verso il mare,"* può lasciare l'ascoltatore confuso e distaccato. Questo tipo di formulazione non solo riduce l'impatto dell'equivalenza, ma può anche allontanare il pubblico, portandolo a rifiutare l'idea proposta.

Per evitare questo, prenditi del tempo per riflettere su come le parti dell'equivalenza si collegano tra loro. Chiediti: *"La seconda idea si sente davvero come un risultato naturale della prima?"* Se la risposta non è chiara, riformula o cambia l'approccio fino a quando la relazione tra le due idee non diventa più evidente.

Infine, prova diverse formulazioni e presta attenzione alle reazioni del pubblico. Le loro risposte possono fornirti spunti preziosi su quali equivalenze risuonano meglio e quali potrebbero richiedere aggiustamenti per ottenere quella fluidità e coerenza desiderata. In questo modo, non solo renderai le tue equivalenze complesse più efficaci, ma favorirai anche una comunicazione più profonda e persuasiva.

4. Evita l'uso di connessioni che possano essere false o fuorvianti

È fondamentale ricordare che, sebbene le equivalenze complesse possano essere strumenti persuasivi efficaci, il loro utilizzo deve basarsi sull'onestà e sull'etica. Quando costruisci un'equivalenza, è cruciale evitare qualsiasi connessione che possa essere interpretata come falsa o ingannevole, poiché questo non solo può compromettere la credibilità del messaggio, ma anche erodere la fiducia che il pubblico ripone in te. Le equivalenze che suggeriscono relazioni poco chiare o infondate possono risultare dannose, portando il destinatario ad avere aspettative non realistiche che, se non soddisfatte, potrebbero provocare delusione.

Ad esempio, affermare *"Usare questo prodotto garantisce il successo"* crea una connessione potenzialmente ingannevole, poiché il successo dipende da molteplici fattori e non esclusivamente dall'uso di un prodotto. Questa affermazione può generare un'aspettativa irrealistica, che non solo è poco etica, ma rischia di minare la fiducia del pubblico quando le promesse non vengono mantenute. Al contrario, una formulazione più onesta e accurata, come *"Scegliere questo prodotto dimostra il tuo impegno verso la qualità"*, stabilisce una connessione più precisa e responsabile. Questa equivalenza non solo comunica un valore positivo, ma evidenzia anche che l'impegno personale del destinatario è un elemento chiave per il proprio successo.

Utilizzare equivalenze in linea con la verità e la realtà promuove un ambiente comunicativo più sano e rispettoso. Ciò consente all'ascoltatore di sentirsi motivato ad agire senza la pressione di aspettative irrealistiche. Inoltre, una comunicazione onesta rafforza la relazione tra emittente e ricevente, creando uno spazio in cui idee e azioni possono essere esplorate in modo costruttivo.

È importante riflettere sulle implicazioni delle equivalenze che utilizzi. Chiediti se la connessione proposta è veramente valida e se rispecchia la realtà della situazione. Se hai dubbi, cerca alternative che rafforzino l'autenticità del tuo messaggio. Focalizzarti sulla verità e sull'etica nel costruire equivalenze complesse non solo migliorerà l'efficacia della tua comunicazione, ma contribuirà a costruire una relazione di fiducia e rispetto con il tuo pubblico.

5. Usa frasi che suggeriscono una relazione invece di affermarla direttamente

Utilizzare frasi che suggeriscono una relazione, piuttosto che affermarla in modo categorico, può essere una strategia potente nella costruzione di equivalenze complesse. Espressioni come *"significa che," "dimostra che" o "è un segno di"* introducono una sottigliezza nella comunicazione che consente all'ascoltatore di considerare la relazione proposta come una possibilità, piuttosto che una verità assoluta. Questa flessibilità evita che il destinatario percepisca l'idea come imposta, permettendogli di partecipare attivamente al processo interpretativo.

Ad esempio, affermare *"Investire su se stessi è un segno di aspirazione al successo"* offre un contesto che presenta l'azione di investire su se stessi come positiva, senza dare l'impressione che sia un requisito imprescindibile per raggiungere il successo. Questa formulazione non solo mette a proprio agio il destinatario, ma incoraggia anche una riflessione più profonda sul significato dell'investimento personale. Considerare questa azione come un segnale di aspirazione permette all'ascoltatore di connettersi emotivamente con l'idea e di applicarla alla propria vita e ai propri obiettivi.

Questo tipo di linguaggio non solo ammorbidisce la trasmissione del messaggio, ma crea anche uno spazio aperto per l'esplorazione delle esperienze e dei sentimenti del destinatario. Questa tecnica è particolarmente utile nei contesti in cui le persone potrebbero essere riluttanti ad accettare suggerimenti diretti o in situazioni in cui l'interpretazione personale è fondamentale per impegnarsi con l'idea.

Inoltre, usare frasi che suggeriscono anziché affermare aiuta a promuovere un dialogo più inclusivo. Invitando il pubblico a considerare la relazione come una possibilità, si incoraggia un'interazione in cui le idee possono essere discusse ed esplorate in modo collaborativo. Questo approccio è particolarmente utile in ambienti professionali o creativi, dove opinioni diverse possono arricchire la conversazione e portare a soluzioni più innovative.

In sintesi, utilizzare un linguaggio che suggerisce relazioni e lascia spazio alle interpretazioni non solo rafforza l'efficacia del messaggio, ma crea anche un ambiente comunicativo più ricettivo e collaborativo, in cui il pubblico si sente coinvolto e motivato a riflettere sulle implicazioni dell'equivalenza presentata.

6. Integra esempi o contesti che rafforzano la credibilità dell'equivalenza

Integrare esempi o un contesto che supporti l'equivalenza non solo ne aumenta l'efficacia, ma fornisce anche un quadro di riferimento che può aiutare gli ascoltatori a comprendere meglio la relazione tra le idee. Quando un'equivalenza viene presentata insieme a un contesto o a una breve storia, si crea una connessione più profonda e significativa con il messaggio, rendendolo più facile da ricordare e più incisivo.

Ad esempio, invece di affermare semplicemente che *"Fare sacrifici significa ottenere grandi risultati"*, si può arricchire l'affermazione con un contesto che risuoni con l'esperienza del pubblico. Dicendo *"Come molti imprenditori sanno, fare sacrifici costanti può significare avanzare verso grandi successi"*, non solo si introduce l'idea di sacrificio, ma la si colloca anche in un contesto familiare per molti, come il mondo dell'imprenditoria. Questo tipo di contestualizzazione consente al destinatario di relazionarsi più intimamente con il messaggio, riconoscendo esempi simili nella propria vita o nel proprio ambiente.

L'uso di esempi concreti o situazioni specifiche non solo rafforza la credibilità dell'equivalenza, ma aggiunge anche uno strato di autenticità al messaggio. Le persone tendono a fidarsi di più delle affermazioni supportate da esperienze reali o dall'osservazione di altri in situazioni simili. Questo approccio offre anche agli ascoltatori l'opportunità di riflettere su come tali esperienze si applichino alla loro vita, creando un senso di connessione e coinvolgimento più forte con il messaggio.

Inoltre, presentare esempi rilevanti facilita un apprendimento più efficace. Le metafore e le equivalenze diventano più accessibili quando sono ancorate a situazioni che il pubblico può visualizzare e comprendere facilmente. Questo rende il messaggio non solo più chiaro, ma anche più ispiratore, poiché gli ascoltatori possono riconoscere il potenziale per applicare l'equivalenza alle proprie circostanze.

In conclusione, integrare esempi o contesti nella formulazione di equivalenze complesse non solo ne rafforza la credibilità, ma crea anche una connessione emotiva più forte con il destinatario. Fornendo un quadro di riferimento familiare e pertinente, si facilita una comprensione più profonda e si promuove un dialogo più aperto, in cui gli ascoltatori si sentono motivati a riflettere sul messaggio e sulla sua rilevanza nella loro vita quotidiana.

7. Utilizza l'empatia per creare connessioni che risuonano con il destinatario

Utilizzare l'empatia nella creazione di equivalenze complesse è fondamentale per stabilire connessioni significative che toccano profondamente il destinatario. Mettendoti nei panni del tuo pubblico, puoi identificare e comprendere meglio le sue aspirazioni, valori e timori, permettendoti di formulare equivalenze che affrontano questi punti chiave in modo efficace. Questa pratica non solo dimostra che apprezzi e comprendi il tuo pubblico, ma aumenta anche la sua ricettività al messaggio.

Per ottenere questo risultato, inizia analizzando il tuo pubblico. Cosa lo motiva? Quali sono le sue maggiori preoccupazioni? Cosa considera importante nella vita personale o professionale? Avendo queste informazioni, potrai creare equivalenze che riflettano e rispettino tali caratteristiche. Ad esempio, in un contesto lavorativo, un'equivalenza come *"Offrire supporto reciproco nei momenti difficili dimostra che crediamo nel successo di ciascuno"* non solo è chiara, ma si allinea anche con i valori di unità e lealtà, probabilmente rilevanti per i membri del team. Questo tipo di formulazione genera un impatto emotivo positivo, evocando un senso di appartenenza e collaborazione.

Inoltre, sviluppare equivalenze basate sull'empatia trasforma il messaggio in un'esperienza condivisa. Quando le persone si sentono riconosciute e comprese, sono più inclini ad accettare le idee proposte, perché percepiscono di essere state considerate. L'empatia crea un legame emotivo che può essere molto potente nella comunicazione persuasiva. Questo genera un ambiente in cui il pubblico si sente al sicuro nell'aprirsi e considerare nuove prospettive senza la paura di essere giudicato.

È importante, tuttavia, mantenere un tono autentico e

rispettoso. Le equivalenze che risultano forzate o manipolative possono suscitare diffidenza e resistenza. Applicando l'empatia in modo genuino, ti assicuri che le tue equivalenze vengano accolte positivamente e producano l'effetto desiderato.

In sintesi, utilizzare l'empatia per creare connessioni con il destinatario è una strategia efficace nella costruzione di equivalenze complesse. Comprendendo le aspirazioni e i valori del pubblico, puoi formulare equivalenze che siano rilevanti e rafforzino la relazione tra il messaggio e chi lo ascolta. Questo approccio aumenta l'efficacia della comunicazione e promuove un dialogo aperto e costruttivo, in cui tutti si sentono inclusi e valorizzati.

8. Scegli equivalenze che invitano alla riflessione e al coinvolgimento

Scegliere equivalenze che invitano alla riflessione e al coinvolgimento è una strategia efficace per massimizzare l'impatto del tuo messaggio. Le equivalenze complesse non devono solo essere informative, ma devono anche spingere il destinatario a riflettere sul proprio ruolo e su come possa contribuire alla situazione descritta. Quando le persone si vedono riflesse nel messaggio e sentono di avere un ruolo attivo, è più probabile che partecipino attivamente.

Per raggiungere questo obiettivo, formula equivalenze che affrontino temi di responsabilità e partecipazione. Ad esempio, anziché affermare semplicemente *"Unirsi ai progetti significa collaborazione"*, potresti dire *"Unirsi ai progetti significa che ciascuno di noi sta contribuendo a uno sforzo collettivo che può fare la differenza"*. Questa versione non solo comunica l'importanza della collaborazione, ma evidenzia anche il ruolo individuale di ciascun membro nel successo del gruppo. Questo spinge il pubblico a riflettere sulla propria responsabilità e su come le proprie azioni possano influenzare positivamente il risultato.

Utilizzare equivalenze che stimolano la riflessione aiuta

anche gli ascoltatori a considerare il proprio sviluppo personale. Frasi come *"Affrontare le sfide insieme significa rafforzare le nostre competenze e connessioni"* non solo mettono in evidenza il valore dell'azione congiunta, ma suggeriscono che ogni sfida rappresenta un'opportunità di crescita. Presentando l'idea che la partecipazione attiva può portare a una crescita individuale e collettiva, si genera un senso di scopo che può essere molto motivante.

È essenziale che queste equivalenze siano formulate in modo da non sembrare un'imposizione, ma piuttosto un invito a riflettere e a impegnarsi. Dare al pubblico la libertà di interpretare l'equivalenza a modo proprio favorisce una connessione più genuina con il messaggio. Questo, a sua volta, può portare a una maggiore apertura all'azione, poiché l'ascoltatore percepisce la decisione come autonoma e personale.

In conclusione, scegliendo equivalenze che invitano alla riflessione e al coinvolgimento, non solo trasmetti un messaggio chiaro, ma motivi il pubblico a considerare il proprio ruolo e la propria responsabilità. Questo approccio crea un'atmosfera in cui la partecipazione attiva diventa un'opzione attraente, arricchendo la comunicazione e promuovendo una maggiore adesione agli obiettivi proposti.

9. Non sovraccaricare la comunicazione con troppe equivalenze

È fondamentale non sovraccaricare la comunicazione con un eccesso di equivalenze complesse, poiché questo può ridurre la loro efficacia e generare confusione o saturazione nel destinatario. Quando si utilizzano troppe equivalenze in un unico messaggio, c'è il rischio che l'ascoltatore si senta sopraffatto e perda il filo del discorso, ottenendo così un effetto contrario a quello desiderato.

Per garantire che il tuo messaggio sia chiaro e conciso, è consigliabile identificare uno o due punti chiave in cui l'uso dell'equivalenza possa avere il maggiore impatto. Concentrandoti su idee centrali e presentandole in modo strategico, puoi massimizzare la risonanza del messaggio e facilitarne la comprensione. Ad esempio, se stai parlando dell'importanza del lavoro di squadra, anziché riempire il discorso con molteplici equivalenze su collaborazione e unità, puoi optare per una frase potente: *"Lavorare insieme a questo progetto significa costruire un futuro condiviso."* Questa affermazione è chiara e diretta, permettendo all'ascoltatore di focalizzarsi sul significato senza distrazioni.

Usare equivalenze con moderazione consente inoltre di mantenere alta l'attenzione dell'ascoltatore, aumentando le probabilità che il messaggio venga assimilato in modo efficace. Una comunicazione mirata e priva di sovraccarico cognitivo favorisce la riflessione e il coinvolgimento, poiché l'ascoltatore può elaborare e connettersi più facilmente alle idee presentate.

È importante considerare anche il contesto in cui si utilizzano le equivalenze. In situazioni in cui l'obiettivo è persuadere o motivare, un numero moderato di equivalenze ben scelte può avere un impatto significativo. Tuttavia, in contesti più tecnici o informativi, un uso eccessivo potrebbe compromettere la chiarezza e l'efficacia del messaggio.

In sintesi, evitando di sovraccaricare la comunicazione con troppe equivalenze complesse, puoi assicurarti che il messaggio sia percepito come autentico e focalizzato. Ciò non solo facilita l'assimilazione delle informazioni da parte del destinatario, ma rafforza anche la connessione emotiva e l'efficacia della comunicazione. Scegliendo strategicamente le tue equivalenze, puoi creare un impatto significativo senza sopraffare il pubblico, favorendo così un'interazione più arricchente ed efficace.

10. Esegui test preliminari per verificare la ricezione dell'equivalenza

Eseguire test preliminari delle equivalenze complesse è una strategia preziosa per garantire che i tuoi messaggi siano chiari e ben accolti. Prima di implementare un'equivalenza in un contesto formale, è utile testarla in situazioni più informali o con persone di fiducia che possano offrirti un feedback onesto e costruttivo. Questa fase di prova ti consente non solo di valutare l'efficacia della connessione tra le idee, ma anche di apportare modifiche e perfezionamenti in base alle risposte ricevute.

Quando condividi l'equivalenza con il tuo interlocutore, osserva attentamente la sua reazione. Chiedi come ha percepito la relazione tra le idee e se l'equivalenza è risultata chiara e naturale. Ad esempio, se stai utilizzando un'equivalenza per persuadere un team sull'importanza della collaborazione, potresti dire: *"Collaborare a questo progetto significa creare un'eredità condivisa."* Chiedi se questa connessione è risultata chiara e significativa o se ci sono stati elementi poco comprensibili.

Questo processo di prova ti aiuta a individuare aree di miglioramento e ad affinare il messaggio prima di presentarlo in un contesto più formale o davanti a un pubblico più ampio. Inoltre, il feedback può rivelare percezioni inaspettate che potresti non aver considerato, arricchendo così la tua comprensione di come il pubblico potrebbe reagire all'equivalenza. Ti offre anche l'opportunità di sperimentare diverse formulazioni per trovare quella più efficace.

Integrare questa pratica di test preliminari non solo perfeziona la tecnica delle equivalenze complesse, ma rafforza anche la fiducia nelle tue capacità comunicative. Affinando l'approccio e assicurandoti che il messaggio sia in linea con le aspettative e le esperienze del pubblico, puoi massimizzare l'impatto della comunicazione e promuovere una connessione più profonda con gli ascoltatori.

Questo approccio proattivo e riflessivo alla preparazione delle equivalenze non solo migliora le competenze comunicative, ma contribuisce anche a creare interazioni più efficaci e significative. In questo modo, i tuoi messaggi risuoneranno e ispireranno l'azione o la riflessione da parte del pubblico, generando un coinvolgimento più autentico e duraturo.

ESERCIZI PER PRATICARE L'USO DELLE EQUIVALENZE COMPLESSE

Esercizio 1: Creazione di equivalenze nella vita quotidiana

Obiettivo: Praticare la costruzione di equivalenze complesse in situazioni di tutti i giorni, rafforzando il valore e il significato di azioni semplici per influenzare la percezione degli altri.

Istruzioni:

1. **Identifica cinque situazioni quotidiane** che incontri spesso durante la giornata (come arrivare presto al lavoro, completare un progetto, fare esercizio fisico, cucinare pasti sani o leggere un libro).
2. **Scrivi un'equivalenza complessa** per ogni situazione, collegando l'azione a un valore o risultato significativo. Ad esempio, invece di dire semplicemente *"Arrivare presto al lavoro è importante"*, potresti creare un'equivalenza come:
3. *"Arrivare presto al lavoro dimostra che ti importa davvero del successo del team e del rispetto degli impegni presi."*
4. **Rifletti sulle equivalenze create:**
5. Come cambiano la percezione dell'azione?
6. In che modo potrebbero influenzare la motivazione o la percezione degli altri?
7. Che impatto potrebbero avere in contesti di leadership, relazioni personali o crescita personale?
8. **Opzionale:** Chiedi a una persona di fiducia un parere sulle tue equivalenze e osserva come queste modificano la percezione delle azioni descritte.

Esempio:

- **Situazione:** Fare esercizio fisico quotidiano.
- **Equivalenza complessa:** *"Fare esercizio ogni giorno significa investire nel proprio benessere futuro e prolungare la qualità della vita."*
- **Riflessione:** Questa equivalenza non si limita a sottolineare l'atto del fare esercizio, ma gli conferisce un significato più profondo, collegandolo direttamente a un miglioramento della qualità di vita nel lungo termine. Questo può influenzare positivamente la motivazione personale e quella degli altri.

Applicazione avanzata:
Prova ad applicare queste equivalenze in conversazioni reali. Scegli una delle situazioni quotidiane e usa l'equivalenza complessa mentre ne parli con qualcuno. Valuta la reazione della persona e osserva se la sua percezione della situazione cambia grazie all'equivalenza utilizzata.

Esercizio 2: Trasformare messaggi semplici in equivalenze complesse

Obiettivo: Imparare a convertire dichiarazioni semplici in messaggi più persuasivi e significativi utilizzando equivalenze complesse.

Istruzioni:

1. **Scrivi cinque dichiarazioni semplici** che senti o utilizzi frequentemente. Alcuni esempi potrebbero essere:

- "È importante essere puntuali."
- "Mangiare sano fa bene."
- "Dovresti risparmiare denaro."
- "Studiare è necessario per imparare."

- "Fare esercizio è salutare."

1. **Riscrivi ogni dichiarazione applicando un'equivalenza complessa,** collegando l'azione a un valore o risultato più profondo che rafforzi il messaggio.

- **Messaggio semplice:** "Essere puntuali è importante."
- **Equivalenza complessa:** "Essere puntuali significa rispettare il tempo degli altri e onorare i propri impegni, generando fiducia in chi ti circonda."
- **Messaggio semplice:** "Mangiare sano fa bene."
- **Equivalenza complessa:** "Mangiare sano significa investire nel proprio benessere a lungo termine, permettendoti di vivere una vita più attiva e soddisfacente."

1. **Valuta come l'uso delle equivalenze rende il messaggio più persuasivo o significativo:**

- L'equivalenza aggiunge una dimensione emotiva o sociale al messaggio?
- Pensi che il messaggio diventi più influente o motivante quando usi un'equivalenza complessa?
- Come cambia la percezione dell'azione associandola a un valore più profondo?

1. **Applicazione avanzata:**
2. Scegli una delle tue equivalenze e usala in una conversazione reale o in un messaggio scritto (ad esempio, un'email a un collega o un consiglio a un amico). Osserva la reazione e valuta se il messaggio risuona di più rispetto alla versione semplice.

Esempio:

- **Dichiarazione semplice:** "Risparmiare denaro è importante."
- **Equivalenza complessa:** "Risparmiare denaro significa garantirsi un futuro libero da preoccupazioni finanziarie, permettendoti di prendere decisioni senza stress nei momenti cruciali della vita."

1. **Riflessione:**
2. Dopo l'esercizio, rifletti su come ti sei sentito trasformando le dichiarazioni. Ti senti più sicuro nel presentare le tue idee con equivalenze complesse? Pensi che questi messaggi siano più potenti e persuasivi? In che modo potrebbero migliorare la tua comunicazione quotidiana e la tua capacità di influenzare gli altri?

Esercizio 3: Identificare equivalenze nelle conversazioni

Obiettivo: Sviluppare la capacità di riconoscere e analizzare l'uso delle equivalenze complesse nella vita quotidiana, nei media e nelle interazioni sociali.

Istruzioni:

1. **Ascolta attivamente per una settimana:** Presta attenzione a conversazioni informali, pubblicità, discorsi politici, presentazioni o qualsiasi contesto in cui si cerca di persuadere o influenzare. Cerca di individuare esempi di equivalenze complesse.

- **Esempio:** "Acquistare questo prodotto significa investire nel tuo futuro."
- "Far parte della nostra community dimostra il tuo impegno verso la crescita personale."

1. **Annota almeno tre esempi** di equivalenze complesse che hai ascoltato o letto. Possono provenire da:

- Conversazioni con amici o familiari
- Spot pubblicitari
- Post sui social media
- Articoli di blog o giornali

1. **Analizza l'efficacia di ciascuna equivalenza:**

- L'equivalenza si collega ai valori o alle emozioni del pubblico?
- Rende l'azione o la decisione più significativa?
- L'equivalenza ha influenzato la tua percezione? Perché ha funzionato o meno?

1. **Analisi avanzata:**
2. Scegli l'equivalenza più efficace e scrivi una breve analisi spiegando perché è stata persuasiva. Considera il contesto, il pubblico e le emozioni attivate.
3. **Applicazione personale:**
4. Utilizza un'equivalenza complessa in una conversazione reale o in un messaggio scritto durante la settimana (presentazione, email o consiglio a un amico). Osserva se il messaggio viene recepito con maggiore attenzione o se suscita una reazione positiva.

Esempio:

- **Equivalenza pubblicitaria:** "Acquistare questa assicurazione significa proteggere la tua famiglia per il futuro."

- **Analisi:** L'equivalenza collega l'azione (comprare un'assicurazione) con il valore emotivo della cura verso la famiglia. Questo rafforza il messaggio trasformando una spesa in un atto d'amore e responsabilità.

1. **Riflessione finale:**
2. Alla fine della settimana, rifletti su come è cambiata la tua percezione delle equivalenze complesse. Sei più consapevole del loro utilizzo? Ritieni di poter applicare questa tecnica per migliorare le tue capacità di persuasione?

Esercizio 4: Costruzione di equivalenze per la leadership

Obiettivo: Migliorare le capacità di motivazione e persuasione in un contesto di leadership, utilizzando equivalenze complesse per ispirare un team.

Istruzioni:

1. **Assumi il ruolo di leader:** Immagina di essere il leader di un team che sta per affrontare una nuova sfida, come un grande progetto, un cambiamento organizzativo o un nuovo obiettivo ambizioso. Il tuo compito è motivare il team affinché accetti la sfida con entusiasmo e determinazione.
2. **Crea tre equivalenze complesse:** Rifletti su come puoi collegare le azioni che desideri che il tuo team intraprenda (lavorare più ore, accettare nuove responsabilità, collaborare meglio) con un risultato positivo futuro. Usa equivalenze che ispirino e motivino, stabilendo un legame tra lo sforzo attuale e una ricompensa futura.
3. **Esempi:**

- "Impegnarci in questo progetto dimostra che siamo il team più innovativo e preparato dell'azienda."
- "Accettare questa nuova sfida significa che ci stiamo posizionando come leader nel nostro settore."
- "Collaborare a questo progetto significa costruire la reputazione che attirerà maggiori opportunità in futuro."

1. **Rifletti sull'impatto:** Dopo aver creato le tue tre equivalenze, rifletti sull'impatto che potrebbero avere sulla motivazione del team. Pensi che queste equivalenze cambierebbero la loro prospettiva sul progetto? In che modo influenzerebbero la loro disponibilità a partecipare e impegnarsi?
2. **Analisi avanzata:** Scegli una delle tue equivalenze ed esamina perché potrebbe essere particolarmente efficace. Considera aspetti come:

- **Il contesto:** È rilevante per la situazione attuale del team?
- **I valori:** L'equivalenza risuona con i valori o i desideri del team (riconoscimento, successo, crescita)?
- **Il risultato emotivo:** Motiva, ispira o rafforza la fiducia del team nelle proprie capacità di raggiungere l'obiettivo?

1. **Applicazione reale:** Se ricopri un ruolo di leadership (sul lavoro, in un progetto personale o in un gruppo di amici), prova ad applicare una delle equivalenze create in una conversazione reale. Osserva come reagisce il gruppo e se la loro attitudine cambia riguardo al compito.

Esempio:

- **Contesto:** Sei il responsabile di un team di marketing e devi motivarli a ridisegnare la strategia digitale dell'azienda.
- **Equivalenza:** "Lavorare a questa nuova strategia digitale significa essere riconosciuti come pionieri dell'innovazione all'interno dell'azienda e nel nostro settore."
- **Impatto:** L'equivalenza collega lo sforzo attuale (lavorare sulla strategia) con un riconoscimento futuro (essere pionieri), motivando il team a impegnarsi vedendo l'opportunità di distinguersi e ricevere riconoscimento.

1. **Riflessione finale:** Dopo aver applicato le equivalenze nel tuo ruolo di leader (nella pratica o come esercizio mentale), rifletti su quanto segue:

Quali equivalenze sono state più efficaci?

Hai percepito che il team era più disposto ad accettare la sfida dopo aver ascoltato le equivalenze?

Come potresti migliorare l'uso delle equivalenze complesse in futuro per motivare gli altri in modo più efficace?

Esercizio 5: Equivalenze complesse nello sviluppo personale

Obiettivo: Utilizzare equivalenze complesse per rafforzare l'impegno verso i propri obiettivi di sviluppo personale, creando connessioni mentali che esaltano il valore delle azioni quotidiane.

Istruzioni:

1. **Identifica il tuo obiettivo personale:** Rifletti su un traguardo che desideri raggiungere nella tua vita

personale. Può riguardare la salute, la crescita emotiva, le abilità o le abitudini. Alcuni esempi includono migliorare la dieta, imparare una nuova abilità, leggere più libri, meditare ogni giorno o migliorare l'organizzazione.

2. **Crea un'equivalenza complessa:** Pensa a come la tua azione attuale può essere collegata a un beneficio futuro motivante. L'obiettivo è associare lo sforzo presente a una ricompensa significativa, creando un'equivalenza che ti ispiri a continuare.
3. **Esempi:**

- **Salute:** "Mangiare sano ogni giorno significa costruire una vita piena di energia e vitalità."
- **Abilità:** "Esercitarmi ogni settimana significa che presto diventerò un esperto in questo campo."
- **Organizzazione:** "Essere più organizzato ora significa avere più tempo libero da godermi in futuro."

1. **Rifletti sull'impatto:** Dopo aver creato l'equivalenza, rifletti su come cambia la tua percezione dell'obiettivo. Ti senti più motivato? Riesci a visualizzare meglio il beneficio a lungo termine? L'equivalenza rende l'obiettivo più raggiungibile o prezioso?
2. **Coinvolgi l'aspetto emotivo:** Aggiungi una componente emotiva per rendere l'equivalenza più potente. Chiediti come ti sentirai una volta raggiunto il beneficio futuro.
3. **Esempio:** "Fare esercizio ogni giorno non significa solo investire nella mia salute fisica, ma anche sentirmi più sicuro e soddisfatto di me stesso a lungo termine."

4. **Ripeti il processo:** Rifletti su altri aspetti della tua vita che desideri migliorare e crea nuove equivalenze complesse. Ripeti questo esercizio regolarmente per sviluppare una mentalità orientata alla crescita personale.
5. **Applicazione pratica:** Tieni un quaderno o crea una nota sul telefono per annotare le tue equivalenze complesse per diversi obiettivi. Rivedi questa lista quotidianamente o settimanalmente per ricordarti la connessione tra le azioni quotidiane e il successo futuro.

Esempio:

- **Obiettivo:** Imparare a suonare uno strumento musicale.
- **Equivalenza complessa:** "Esercitarmi 30 minuti al giorno significa coltivare la mia capacità di godere e condividere la musica con gli altri in futuro."
- **Impatto:** Associare la pratica quotidiana a un risultato positivo (condividere la musica) aggiunge una dimensione emotiva e sociale, motivando più della semplice acquisizione tecnica.

1. **Riflessione finale:** Dopo aver usato equivalenze complesse per una settimana o più, valuta quanto siano state efficaci nel mantenerti motivato. Ti senti più coinvolto? Come potresti personalizzare ulteriormente le equivalenze per renderle ancora più stimolanti e in sintonia con i tuoi obiettivi?

Esercizio 6: Riscrivere argomentazioni di vendita con equivalenze

Obiettivo: Migliorare la capacità di utilizzare equivalenze complesse per creare argomentazioni di vendita più persuasive e convincenti, associando il prodotto o servizio a risultati positivi e significativi.

Istruzioni:

1. **Seleziona un prodotto o servizio:** Scegli un prodotto, servizio o idea che desideri vendere o promuovere. Può essere qualcosa che già offri o un'idea ipotetica. Assicurati di comprendere bene i suoi benefici e le caratteristiche chiave.
2. **Scrivi un'argomentazione di vendita semplice:** Formula un'argomentazione di vendita diretta e chiara che descriva le caratteristiche del prodotto o servizio e i suoi vantaggi.
3. **Esempio:** "Questo software velocizza le attività amministrative della tua azienda."
4. **Trasforma l'argomentazione con un'equivalenza complessa:** Ora riscrivi la tua argomentazione di vendita utilizzando un'equivalenza complessa. L'obiettivo è collegare l'uso del prodotto a un risultato desiderato e significativo per il cliente.
5. **Esempio:** "Investire in questo software significa dare priorità all'efficienza e al successo a lungo termine della tua azienda."

- In questo caso, non parli solo delle caratteristiche, ma associ l'acquisto a una qualità preziosa come "efficienza" e a un risultato futuro ("successo a lungo termine").

1. **Crea più equivalenze:** Prova a sviluppare diverse versioni di equivalenze complesse per lo stesso prodotto o servizio, concentrandoti su benefici differenti che possano risuonare con vari tipi di clienti.
2. **Esempi:**

- "Scegliere questo servizio di consulenza significa investire nella crescita sostenibile della tua attività."
- "Acquistare questo prodotto significa garantire ai tuoi clienti la migliore qualità possibile."

1. **Valuta l'impatto:** Rifletti su come le equivalenze complesse influenzano il tono del messaggio e la percezione del cliente. Chiediti:

- Il messaggio è più persuasivo con l'equivalenza?
- Fa sì che il cliente associ il prodotto a un valore maggiore o a risultati positivi a lungo termine?
- Come influisce l'equivalenza a livello emotivo sul cliente? È più probabile che associ il prodotto a un beneficio personale o professionale significativo?

1. **Applica in diversi contesti:** Immagina situazioni di vendita differenti (di persona, email marketing, presentazioni) e adatta l'equivalenza complessa in base al contesto. Chiedi a colleghi o amici di esprimere la loro opinione sulla nuova versione e osserva quali emozioni o pensieri suscita.

Esempio arricchito:

- **Prodotto:** Un corso online sulla produttività.
- **Argomentazione di vendita semplice:** "Questo corso ti insegna tecniche per gestire meglio il tuo tempo ed essere più efficiente."
- **Riscrittura con equivalenza complessa:** "Iscriverti a questo corso significa impegnarti a massimizzare il tuo potenziale e raggiungere i tuoi obiettivi senza stress né esaurimento."
- **Impatto:** L'equivalenza trasforma il semplice vantaggio di "gestire meglio il tempo" in un

impegno emotivo e professionale verso il successo personale e la riduzione dello stress, toccando un valore più profondo.

1. **Revisione finale:** Una volta create le equivalenze, chiediti se ognuna di esse stabilisce una connessione emotiva o razionale con i desideri e le esigenze del cliente. Rifletti su come potresti migliorare il collegamento tra il prodotto e il beneficio che offri.

CAPITOLO 8
COMANDI NASCOSTI

I comandi nascosti sono una tecnica avanzata e potente nel campo della persuasione che si basa sulla sottigliezza e sulla percezione del linguaggio per influenzare gli altri. A differenza delle istruzioni dirette o dei comandi, che possono generare resistenza o suscitare atteggiamenti difensivi, i comandi nascosti si inseriscono in modo fluido in una frase che appare completamente neutra o informativa. Questo approccio consente di guidare l'ascoltatore verso un pensiero, un'emozione o un'azione senza che percepisca una pressione esterna evidente.

In sostanza, un comando nascosto è progettato per comunicare direttamente con la mente subconscia del destinatario. Essendo celato all'interno di una struttura linguistica apparentemente innocua, il comando può eludere la barriera critica della mente conscia. Questo significa che, anche se la persona percepisce la frase come una semplice dichiarazione o osservazione, la sua mente subconscia elabora l'istruzione sottostante, aumentando così la probabilità che si senta motivata ad agire in linea con il comando. Questo tipo di comunicazione può essere utilizzato in una vasta gamma di contesti, dalle vendite e il marketing alle negoziazioni e al coaching, offrendo uno strumento flessibile per coloro che desiderano influenzare con discrezione.

L'efficacia dei comandi nascosti dipende in larga misura dal tono, dal ritmo e dalla struttura della frase. Le pause strategiche, l'enfasi su determinate parole e la costruzione delle frasi possono aumentare la ricettività dell'ascoltatore al messaggio sottostante. In questo senso, il comunicatore deve essere consapevole non solo delle parole che sceglie, ma anche di come le esprime. Un comando nascosto ben formulato può sembrare una semplice osservazione o un commento, ma il suo effetto va oltre la superficie, piantando un "seme" nella mente dell'ascoltatore che può influenzarne il pensiero o il comportamento in modo sottile.

Per ottenere questo risultato, è necessario avere una conoscenza approfondita di come strutturare frasi che consentano di camuffare il comando all'interno di una narrazione più ampia. Ad esempio, l'uso di parole specifiche che creano immagini o sensazioni nell'ascoltatore, o l'impiego di costruzioni grammaticali che addolciscono il tono di un'istruzione, sono componenti chiave per integrare con successo i comandi nascosti. Questo livello di sottigliezza richiede pratica, poiché l'obiettivo è che l'ascoltatore non percepisca il comando come un ordine o una manipolazione, ma come un'idea naturale che gli viene spontaneamente.

Inoltre, il contesto gioca un ruolo cruciale nell'applicazione dei comandi nascosti. L'ambiente in cui si trova l'ascoltatore, il suo stato emotivo e il livello di relazione con il comunicatore possono influenzare il modo in cui percepisce ed elabora questi comandi. Un buon comunicatore valuterà questi fattori prima di utilizzare questa tecnica, assicurandosi che i suggerimenti nascosti siano in linea con lo stato emotivo e il contesto della persona, affinché il messaggio sia il più efficace possibile. Se utilizzata in modo etico e con abilità, questa tecnica può rafforzare le relazioni e promuovere un ambiente di cooperazione, poiché l'ascoltatore si sente ascoltato e rispettato, anziché manipolato.

Infine, lo sviluppo di comandi nascosti richiede sensibilità ed etica. Poiché questa tecnica si concentra sull'influenzare il subconscio dell'ascoltatore, è fondamentale utilizzarla con responsabilità, evitando di indurre azioni che non apportino benefici al destinatario. Di seguito, esploreremo come perfezionare questa abilità attraverso pratiche ed esercizi che permettano di affinare l'intuizione e la sottigliezza necessarie affinché i comandi nascosti funzionino come uno strumento potente e rispettoso di persuasione.

ESEMPI DI UTILIZZO DEI COMANDI NASCOSTI

Esempio 1: Nelle vendite

Contesto: Un venditore sta presentando i benefici di un programma di abbonamento a un potenziale cliente che mostra un certo interesse, ma anche una lieve indecisione. Per concludere la vendita senza sembrare insistente o esercitare pressione diretta, il venditore utilizza un comando nascosto per ridurre la resistenza e guidare il cliente verso una decisione positiva.

Comando nascosto: "Molte persone scoprono che è facile decidere quando pensano a tutti i vantaggi che riceveranno con questo programma. Immagina come potrebbe migliorare la tua esperienza avere accesso a sconti esclusivi e assistenza prioritaria, qualcosa che fa davvero la differenza."

Impatto: Invece di un invito diretto come "dovresti decidere ora," che potrebbe provocare rifiuto o resistenza, il venditore opta per un approccio più morbido. Dicendo "è facile decidere," camuffa il comando suggerendo che prendere una decisione è naturale e privo di complicazioni. Inoltre, con la frase "quando pensano a tutti i vantaggi," il venditore invita indirettamente il cliente a riflettere sugli aspetti positivi dell'abbonamento, orientando il suo pensiero verso un'immagine mentale favorevole di ciò che guadagnerà aderendo.

L'espressione "immagina come potrebbe migliorare la tua esperienza" aggiunge un ulteriore elemento visivo che permette al cliente di proiettarsi mentalmente in una situazione vantaggiosa, rafforzando l'attrattiva del programma senza una pressione esplicita. Questa tecnica crea anche una connessione emotiva, facendo sentire al cliente che unirsi al programma è qualcosa di positivo e, in ultima analisi, inevitabile.

Questa combinazione di comandi nascosti e linguaggio evocativo riduce le barriere mentali e trasforma il processo decisionale in un'azione semplice e attraente. In questo modo, il cliente si sente spinto a iscriversi non a causa di una pressione esterna, ma perché il messaggio lo porta a vedere l'abbonamento come un'opportunità evidente e accessibile.

Esempio 2: Nel coaching personale

Contesto: Un coach lavora con un cliente che deve integrare abitudini di autocura nella sua vita, ma potrebbe sentirsi sopraffatto o poco motivato per iniziare. L'obiettivo del coach è motivarlo dolcemente, senza imporre un cambiamento diretto, affinché il cliente adotti queste abitudini in modo naturale e volontario.

Comando nascosto: "A volte, le persone scoprono che semplicemente iniziare a prendersi più cura di sé è il primo passo per sentirsi meglio ogni giorno. È come se ogni piccola azione si sommasse e, senza rendersene conto, iniziano a vedere cambiamenti positivi nella loro vita."

Impatto: Invece di un'istruzione diretta come "dovresti prenderti più cura di te," il coach utilizza "semplicemente iniziare" e "sentirsi meglio ogni giorno" come comandi nascosti che passano inosservati, ammorbidendo l'invito al cambiamento. La frase "a volte, le persone scoprono" fa percepire il messaggio come una riflessione comune e neutrale, eliminando qualsiasi pressione e lasciando spazio affinché il cliente si identifichi spontaneamente con l'idea.

Inoltre, il comando nascosto "sentirsi meglio ogni giorno" aggiunge una visualizzazione positiva del risultato, che spinge il cliente ad associare l'autocura con un miglioramento graduale del proprio benessere. L'aggiunta di "è come se ogni piccola azione si sommasse" rafforza l'idea che non è necessario un cambiamento drastico, ma che piccoli passi possono portare a risultati significativi, rendendo il processo più accessibile.

Questo approccio permette al cliente di interiorizzare l'idea di "semplicemente iniziare" come qualcosa di facile e realizzabile, riducendo la resistenza iniziale e motivandolo ad agire senza sentirsi sotto pressione. Così, il cliente è guidato delicatamente verso il cambiamento, iniziando a vedere l'autocura come una serie di decisioni semplici e cumulative, piuttosto che come uno sforzo opprimente.

Esempio 3: Nella leadership

Contesto: Un manager ha bisogno che il suo team affronti con entusiasmo un nuovo progetto che presenta delle sfide, ma sa che una richiesta diretta potrebbe generare resistenza. L'obiettivo è motivare il team in modo che l'impegno verso il progetto venga percepito come una decisione naturale e allineata con il desiderio di successo.

Comando nascosto: "Alcuni dei team di maggior successo scoprono che accettare nuove sfide e concentrarsi sulla crescita permette loro di raggiungere grandi risultati e fare una reale differenza nel loro settore."

Impatto: Invece di dire apertamente "voglio che accettiate questo nuovo progetto," il manager utilizza "accettare nuove sfide" e "raggiungere grandi risultati" come comandi nascosti, inseriti in un'affermazione su ciò che fanno altri team di successo. Questo camuffa l'istruzione come un'osservazione su una tendenza comune tra i team ad alte prestazioni, suggerendo implicitamente che assumere il nuovo progetto sia un comportamento tipico e naturale per chi aspira al successo.

La frase "alcuni dei team di maggior successo" costruisce un modello aspirazionale, invitando il team a identificarsi con i migliori. Così, "accettare nuove sfide" e "raggiungere grandi risultati" diventano percorsi verso quel successo, senza sembrare una richiesta diretta. Il riferimento a "concentrarsi sulla crescita" introduce anche una visione di progresso, ispirando il team a vedere la sfida come un'opportunità di sviluppo e affermazione.

Con questa formulazione, il manager ispira il team a impegnarsi nel progetto volontariamente, associando l'accettazione della sfida con l'identità di essere un team di successo e focalizzato sull'eccellenza. Creando questo messaggio in modo indiretto e aspirazionale, i membri del team si sentono motivati e allineati con l'obiettivo, spinti ad agire senza sentirsi costretti.

Esempio 4: In una conversazione con un amico

Contesto: Una persona vuole incoraggiare un amico a iscriversi a un corso che potrebbe essere utile per la sua crescita professionale, ma sa che un suggerimento diretto potrebbe essere accolto con resistenza o dubbi. L'obiettivo è presentare il corso come un'opzione positiva senza che l'amico si senta sotto pressione.

Comando nascosto: "Molte persone notano che imparare qualcosa di nuovo apre molte porte, soprattutto quando si tratta di avanzare nella carriera."

Impatto: Invece di dire direttamente "dovresti iscriverti al corso" (che potrebbe sembrare impositivo o provocare una reazione difensiva), questa frase utilizza il comando nascosto "imparare qualcosa di nuovo" all'interno di un'osservazione generale su ciò che altri hanno sperimentato. Dicendo "molte persone notano" anziché fare un'affermazione personale, il messaggio appare come un commento neutrale e quasi casuale, che l'amico può interiorizzare senza sentirsi sotto pressione o manipolato.

Includendo la frase "apre molte porte," si enfatizza sottilmente il beneficio di seguire il corso, facendo sì che l'idea di imparare qualcosa di nuovo venga associata a opportunità e crescita professionale. Questo presenta l'atto di iscriversi al corso come qualcosa che potrebbe risultare in un'esperienza positiva e trasformativa.

Inoltre, facendo sembrare il comando un commento generale su "molte persone," l'amico si sente più libero di considerare l'idea da solo, senza sentirsi obbligato. Questo facilita una riflessione interna, in cui l'amico può decidere che iscriversi al corso è una scelta logica e desiderabile, spinto dal proprio interesse nel crescere professionalmente, e non dall'influenza di qualcun altro.

Esempio 5: Nelle relazioni personali

Contesto: Una persona vuole comunicare al proprio partner l'importanza di trascorrere più tempo di qualità insieme, ma senza che sembri una richiesta o una critica che possa generare resistenza. L'obiettivo è far percepire al partner il suggerimento come un commento riflessivo e positivo, senza che si senta sotto pressione.

Comando nascosto: "A volte, le persone scoprono che trascorrere del tempo di qualità insieme rafforza davvero la loro connessione e permette di godersi di più la relazione."

Impatto: Invece di dire direttamente "vorrei che passassi più tempo con me" (che potrebbe sembrare una richiesta o una lamentela), questa frase propone l'idea di passare del tempo insieme in modo indiretto. Il comando "trascorrere del tempo di qualità insieme" è integrato in una riflessione generale su ciò che altre persone scoprono nelle loro relazioni, spostando l'attenzione del partner verso un suggerimento sottile e naturale.

Presentandolo come un'osservazione su "a volte, le persone scoprono" anziché una dichiarazione personale, si riduce la probabilità che il partner si senta sotto pressione o giudicato. Al contrario, il messaggio appare come una riflessione neutrale, che suggerisce che dedicare del tempo insieme è qualcosa di prezioso e gratificante che altri hanno sperimentato e apprezzato, aprendo la possibilità che il partner lo consideri senza sentirsi obbligato.

L'inclusione di frasi come "rafforza davvero la loro connessione" aggiunge una connotazione positiva e desiderabile all'azione suggerita, facendo sì che l'idea di trascorrere più tempo insieme appaia attraente e benefica per la relazione. In questo modo, il partner può interiorizzare il suggerimento liberamente, vedendo il passare più tempo insieme non come una richiesta, ma come un'opportunità per rafforzare il legame reciproco.

Esempio 6: Nel marketing

Contesto: Un annuncio per un servizio in abbonamento cerca di catturare l'attenzione di potenziali clienti, incoraggiandoli a iscriversi senza che percepiscano l'invito come un'istruzione diretta o aggressiva. L'obiettivo è che gli utenti vedano il processo di iscrizione come semplice e vantaggioso, riducendo qualsiasi resistenza iniziale.

Comando nascosto: "Immagina quanto sia facile iscriversi e godere di tutti i vantaggi senza complicazioni."

Impatto: Invece di una chiamata all'azione diretta come "Iscriviti ora!", che potrebbe sembrare troppo insistente o commerciale, l'annuncio utilizza il comando "iscriversi" integrato in un invito a visualizzare un processo privo di sforzo. La parola "immagina" attiva la curiosità del lettore e lo invita a proiettarsi nella situazione, ammorbidendo l'azione dell'iscrizione e presentandola come intuitiva e naturale.

Questo comando nascosto non solo maschera il suggerimento, ma aggiunge anche una qualità positiva al processo: "facile" e "senza complicazioni." Questi aggettivi creano un'immagine mentale in cui l'iscrizione non richiede tempo o fatica, riducendo la resistenza del lettore a compiere tale azione.

Invitando l'utente a immaginarsi mentre gode dei vantaggi, si stimola il desiderio e la curiosità, aumentando la probabilità che il lettore consideri l'iscrizione come un passo attraente e privo di ostacoli. In questo modo, il messaggio diventa un suggerimento che spinge all'azione, senza che il lettore si senta forzato o sotto pressione, il che è ideale per una comunicazione di marketing persuasiva.

Esempio 7: In una presentazione aziendale

Contesto: Un dirigente sta presentando una nuova strategia aziendale al suo team e desidera che la proposta venga accolta positivamente, incentivando il team ad accettarla senza che l'istruzione venga percepita come diretta o impositiva.

Comando nascosto: "Alcune delle aziende di maggior successo nel nostro settore iniziano a vedere i benefici quando implementano strategie come questa."

Impatto: Invece di dire direttamente "Dovremmo implementare questa strategia per avere successo," il dirigente utilizza il comando nascosto "iniziano a vedere i benefici" all'interno di una frase che appare come un'osservazione neutra. Il riferimento alle "aziende di maggior successo nel nostro settore" crea una connessione aspirazionale, suggerendo sottilmente che adottare la nuova strategia può portare a risultati positivi simili.

Inserendo il comando "iniziano a vedere i benefici" in questo contesto, il dirigente associa l'implementazione della strategia a risultati favorevoli senza dare un'istruzione esplicita. Questo favorisce la percezione, da parte del team, che la strategia rappresenti un'opportunità per replicare il successo di altre aziende leader, evitando la resistenza naturale ai cambiamenti imposti.

Questo tipo di messaggio genera una motivazione interna nel team per sostenere la strategia, poiché viene presentata come una scelta che potrebbe portare a ricompense naturali e attraenti. Così, il team si sente ispirato a considerare la proposta come una strada verso il successo, piuttosto che un obbligo imposto dalla direzione.

Esempio 8: Nell'educazione

Contesto: Un insegnante vuole motivare i suoi studenti ad adottare una routine di studio più costante e proattiva, senza che il messaggio venga percepito come una direttiva rigida o obbligatoria. L'obiettivo è che gli studenti si sentano motivati a studiare quotidianamente come atto personale di disciplina e miglioramento.

Comando nascosto: "Molti studenti scoprono che dedicare solo pochi minuti al giorno al ripasso può fare una grande differenza nei risultati."

Impatto: Invece di dare un'istruzione diretta come "dovresti studiare ogni giorno," l'insegnante utilizza la frase "dedicare solo pochi minuti al giorno al ripasso" come un comando nascosto che passa inosservato all'interno di un'affermazione generale. Questo fa sembrare l'abitudine di studiare quotidianamente una scelta semplice e naturale che altri studenti già adottano con successo, attenuando qualsiasi percezione di imposizione.

La frase "molti studenti scoprono" invita gli alunni a considerarsi parte di un gruppo che ha già sperimentato i benefici di questa pratica, facendola apparire come un'opzione personale e accessibile anziché un obbligo. Inoltre, l'enfasi su "solo pochi minuti" riduce qualsiasi resistenza allo studio quotidiano, presentandolo come un compito gestibile piuttosto che un impegno gravoso.

Questo approccio rende gli studenti più disposti a implementare il ripasso quotidiano, percependolo come una decisione positiva e raggiungibile che migliorerà i loro risultati accademici. In questo modo, l'insegnante motiva gli studenti in modo indiretto ed empatico, promuovendo lo studio proattivo senza che lo vivano come una pressione esterna.

Esempio 9: Nelle risorse umane

Contesto: Uno specialista in risorse umane vuole incoraggiare un dipendente a partecipare a un programma di benessere aziendale, ma cerca di farlo in modo discreto per evitare che il dipendente si senta sotto pressione. L'intento è che il dipendente consideri la partecipazione come un'opportunità per migliorare il proprio benessere personale.

Comando nascosto: "Ho notato che molti dipendenti iniziano a sentirsi più energici quando partecipano al programma di benessere."

Impatto: Invece di dare un'istruzione diretta come "dovresti unirti al programma di benessere," il comando "iniziano a sentirsi più energici" è integrato in modo naturale in un'osservazione. Questo fa sì che il messaggio venga percepito come una semplice riflessione basata sull'esperienza di altri, suggerendo implicitamente che partecipare al programma potrebbe migliorare il benessere del dipendente senza che percepisca l'invito come una forzatura.

Presentare la partecipazione al programma come qualcosa che "molti dipendenti" già fanno e che porta benefici positivi crea un'immagine di normalità e vantaggio. Questo incentiva il dipendente a prendere in considerazione il programma, vedendo la partecipazione come un'opportunità per aumentare la propria energia e il proprio benessere, piuttosto che un'ulteriore responsabilità nella sua agenda.

La frase permette inoltre al dipendente di interiorizzare il messaggio e sentirsi motivato ad agire autonomamente, spinto dal desiderio di sentirsi più energico. Così, lo specialista in risorse umane fa percepire il programma come un'opportunità per arricchire il benessere lavorativo, favorendo una decisione positiva e volontaria.

CONSIGLI PRATICI PER CREARE MESSAGGI NASCOSTI EFFICACI

I comandi nascosti possono trasformare il modo in cui interagiamo, permettendoci di influenzare e motivare senza essere invasivi. Di seguito sono presentate strategie chiave per formulare comandi nascosti che siano efficaci, naturali e persuasivi.

1. Collega il messaggio a un beneficio attraente

Affinché un comando nascosto sia veramente efficace, è fondamentale stabilire un chiaro collegamento tra l'azione suggerita e un beneficio attraente che risuoni con i valori e le esigenze del destinatario. Questo approccio non solo trasforma un ordine potenzialmente conflittuale in una raccomandazione più amichevole, ma invita anche a una riflessione personale su come l'azione possa avere un impatto positivo sulla loro vita o sul lavoro.

Quando formuli il messaggio, considera attentamente quali aspetti motivano il tuo pubblico. Cercano efficienza? Danno valore alla chiarezza nelle decisioni? Sono interessati al miglioramento continuo? Personalizzando il beneficio, aumenterai le probabilità che il destinatario si senta attratto dall'idea di agire. Ad esempio, invece di dire semplicemente "Dovresti partecipare alla riunione", potresti riformularlo come "Molti scoprono che partecipare a queste riunioni offre chiarezza e direzione per i loro progetti." Questo approccio trasforma il comando in un suggerimento basato su un beneficio percepibile, facendo sentire il destinatario meno sotto pressione e più propenso a partecipare.

Inoltre, è utile presentare il beneficio in modo che il destinatario possa visualizzarlo o sperimentarlo emotivamente. Usare un linguaggio evocativo e descrittivo può aiutare a creare un'immagine mentale che rafforzi il legame tra l'azione e il risultato positivo. Ad esempio, potresti dire: "Partecipando alla riunione, ti sentirai più sicuro e orientato, il che spesso porta a risultati migliori nei tuoi progetti." Questa formulazione non solo mette in evidenza il beneficio tangibile, ma si collega anche a un'esperienza emotiva, rendendo il comando più rilevante e attraente.

Infine, concentrandoti su un beneficio attraente, non solo rendi il tuo messaggio più persuasivo, ma incoraggi anche una cultura di proattività e auto-motivazione. I destinatari, comprendendo che la loro azione può portare a risultati favorevoli, saranno più disposti a partecipare e collaborare, generando un ambiente di lavoro o di interazione più positivo e dinamico. Con questo approccio, i comandi nascosti non diventano solo strumenti di persuasione, ma catalizzatori per la crescita personale e professionale di chi li riceve.

2. Usa esempi in terza persona per attenuare il messaggio

Utilizzare esempi in terza persona è una strategia efficace per attenuare l'impatto di un comando nascosto, poiché sposta l'attenzione del destinatario verso esperienze altrui. Impiegando frasi come "Alcune persone scoprono..." o "Molti hanno notato che...", si crea un contesto che suggerisce che l'azione non è un'imposizione personale, ma un'osservazione generale su come altri abbiano ottenuto benefici adottando quel comportamento. Questo approccio aiuta il destinatario a sentirsi meno sotto attacco e più incline a riflettere sul suggerimento, piuttosto che percepirlo come una critica diretta al proprio comportamento.

Ad esempio, formulando un comando nascosto come "Ho notato che molte persone si sentono più produttive quando dedicano alcuni minuti a pianificare la loro giornata", il messaggio si trasforma da un'istruzione potenzialmente difensiva a un'osservazione amichevole e accessibile. Questo cambiamento di prospettiva permette al destinatario di interiorizzare il messaggio in modo più delicato e aperto. L'uso della terza persona non solo offre una via d'uscita psicologica, ma suggerisce anche che la pianificazione è un comportamento comunemente adottato, il che può risultare rassicurante per chi ascolta.

Inoltre, integrare esempi in terza persona può arricchire il messaggio includendo aneddoti o brevi storie su come altre persone abbiano applicato quel suggerimento e quali risultati abbiano ottenuto. Questo può offrire un contesto più ampio e tangibile che aiuti il destinatario a visualizzare l'azione nella propria vita. Ad esempio, potresti condividere una breve storia su un collega che ha implementato una tecnica di pianificazione e ha notato miglioramenti nella produttività e nel benessere. Questa narrazione non solo rende il comando più concreto, ma aggiunge un tocco umano, rafforzando la connessione emotiva e la recettività dell'ascoltatore.

Utilizzando questo approccio, trasformi un semplice comando in una conversazione costruttiva e incoraggiante, creando un ambiente più positivo per l'interazione. L'idea è che il destinatario percepisca il suggerimento come un'opzione valida e preziosa, anziché come un obbligo, promuovendo così un impegno più genuino verso il cambiamento proposto. In definitiva, questa tecnica non solo attenua il messaggio, ma favorisce anche una cultura di apertura e crescita, dove i suggerimenti sono accolti con interesse e riflessione.

3. Introduci il messaggio in un contesto di riflessione

Introdurre il messaggio in un contesto di riflessione è una tecnica potente per facilitare l'accettazione di comandi nascosti, poiché crea uno spazio mentale in cui il destinatario può esplorare l'idea in modo personale e autonomo. Utilizzando frasi riflessive come "Immagina come sarebbe..." o "A volte ci rendiamo conto che...", inviti la persona a immergersi in una contemplazione che consente loro di visualizzare i benefici del suggerimento senza sentirsi sotto pressione. Questo tipo di linguaggio apre la porta all'introspezione, permettendo al destinatario di percepire l'idea come parte del proprio processo di pensiero, aumentando così la probabilità che agisca di conseguenza.

Ad esempio, invece di fare un'affermazione diretta come

"Dovresti fare esercizio regolarmente", potresti inquadrare il suggerimento in modo più sottile con "A volte le persone si rendono conto di quanto si sentano bene quando fanno esercizio regolarmente". Questo cambiamento non solo suggerisce un'osservazione, ma crea anche una connessione emotiva facendo riferimento all'esperienza di benessere che molte persone condividono. In questo modo, stabilisci un ponte tra il messaggio e le esperienze individuali del destinatario, facilitando l'accettazione del suggerimento in un contesto positivo e attraente.

Inoltre, questo approccio non solo rende il destinatario più a suo agio con l'idea, ma gli permette anche di coinvolgersi attivamente nella conversazione. Ponendo una riflessione, il destinatario ha l'opportunità di formulare le proprie risposte e pensieri sull'azione suggerita. Questo non solo promuove un senso di autonomia, ma crea anche un dialogo più arricchente in cui la persona si sente valorizzata e ascoltata.

Integrando il messaggio all'interno di una riflessione, puoi anche offrire uno spazio in cui il destinatario esplori eventuali ostacoli che potrebbero impedire l'azione. Ad esempio, potresti proseguire la riflessione con una domanda come "Quali piccole azioni potresti integrare nella tua routine quotidiana per sentirti meglio?". Questo non solo rafforza l'idea che il cambiamento è possibile, ma invita anche la persona a identificare le proprie soluzioni, promuovendo così un impegno più profondo verso il cambiamento proposto.

In sintesi, introducendo comandi nascosti in un contesto di riflessione, trasformi il suggerimento in un invito all'esplorazione, il che può portare a una maggiore ricettività e disponibilità ad agire. Questo approccio non solo attenua la trasmissione del messaggio, ma arricchisce anche l'esperienza comunicativa, creando un ambiente in cui le idee possono fiorire ed essere adottate in modo naturale ed efficace.

4. Usa un linguaggio positivo che evidenzi i benefici anziché i rischi

Utilizzare un linguaggio positivo che evidenzi i benefici anziché i rischi è una strategia chiave per rendere i comandi nascosti più efficaci e persuasivi. Quando il messaggio viene presentato con un approccio ottimista, si crea un'atmosfera di opportunità e crescita che favorisce l'apertura del destinatario all'idea. Invece di concentrarti su ciò che devono evitare, incoraggia il pubblico a visualizzare ciò che può guadagnare, consentendo loro di vedere il suggerimento come un percorso verso risultati desiderabili anziché come un'imposizione da rispettare.

Ad esempio, anziché fare un'affermazione come "Evita di perdere tempo", potresti riformularla con "Molti scoprono che sfruttare il tempo permette loro di progredire in ciò che conta davvero". Questa riformulazione non solo è più positiva, ma offre anche una prospettiva ispiratrice su come un uso efficace del tempo possa portare a progressi significativi in aree importanti della vita. Inquadrando il comando in termini di benefici e successi, inviti il destinatario a considerare l'azione come un mezzo per migliorare la propria situazione attuale, anziché percepirla come un obbligo.

L'uso di un linguaggio positivo implica anche una selezione attenta delle parole. Le parole con connotazioni ottimistiche generano un impatto più profondo e promuovono una risposta più favorevole. Ad esempio, scegli termini che evocano entusiasmo, come "opportunità", "miglioramento" e "crescita". Questo non solo aiuta il tuo messaggio a risuonare meglio, ma riflette anche un approccio proattivo che può ispirare fiducia nel destinatario.

Inoltre, un approccio positivo crea una connessione emotiva che può facilitare una risposta più ricettiva. Quando il destinatario si sente bene nel considerare la proposta, è più probabile che si coinvolga attivamente nella conversazione e approfondisca l'idea. Questa connessione emotiva può essere particolarmente utile in situazioni in cui è necessario un cambiamento o un'azione, poiché un approccio positivo può ridurre l'ansia o la resistenza che spesso accompagnano nuove iniziative.

Infine, enfatizzare i benefici consente al destinatario di considerare i risultati positivi dell'azione suggerita a lungo termine. Puoi accompagnare il comando nascosto con un'affermazione aggiuntiva che evidenzi come quell'azione possa influenzare favorevolmente la sua vita. Ad esempio, potresti aggiungere: "Sfruttando il tempo, non solo raggiungi i tuoi obiettivi, ma provi anche una maggiore soddisfazione personale". Questo aiuta il destinatario a visualizzare non solo il cambiamento immediato, ma anche il contributo di tale azione al benessere generale, rafforzando la motivazione ad agire.

In sintesi, utilizzando un linguaggio positivo che evidenzi i benefici anziché i rischi, non solo attenui la trasmissione del messaggio, ma promuovi anche una connessione più forte e ricettiva con il tuo pubblico. Questa strategia consente ai comandi nascosti di essere percepiti come opportunità preziose, facilitando così la loro accettazione e favorendo un cambiamento positivo.

5. Pratica la naturalezza nella conversazione

Praticare la naturalezza nella conversazione è un aspetto fondamentale affinché i comandi nascosti siano davvero efficaci. Quando questi comandi vengono introdotti in modo fluido e casuale, si integrano nel dialogo in modo che il destinatario li percepisca come parte del normale flusso dell'interazione, anziché come un'istruzione imposta. Questa strategia aiuta a ridurre qualsiasi sospetto o resistenza che la persona potrebbe avere nei confronti del suggerimento, facilitando così l'accettazione del messaggio.

Un buon modo per raggiungere questa naturalezza è formulare i comandi nascosti come se fossero osservazioni o riflessioni spontanee, piuttosto che affermazioni premeditate. Ad esempio, invece di utilizzare una frase diretta come "Devi cambiare approccio", puoi riformularla in "Alcuni hanno scoperto che cambiare approccio può aprire nuove prospettive". Questa alternativa non solo ammorbidisce il messaggio, ma lo presenta anche come un'idea che emerge naturalmente nel contesto della conversazione. Il modo in cui viene introdotto il comando nascosto deve sembrare quasi casuale, permettendo al destinatario di considerarlo senza sentirsi sotto pressione.

Per ottenere questa fluidità, è utile esercitarsi nella formulazione di comandi nascosti in situazioni informali. Allenarsi in un ambiente più rilassato ti aiuterà a familiarizzare con il suono e il modo in cui questi comandi vengono pronunciati, rendendoti più efficace nell'integrarli in conversazioni più formali o significative. Osserva come gli altri introducono idee in modo organico e prova a replicare quello stile conversazionale. Facendo ciò, ti renderai conto che la naturalezza nella consegna è la chiave affinché il tuo messaggio risuoni positivamente con il tuo interlocutore.

Inoltre, è importante prestare attenzione al contesto e alla dinamica della conversazione. Identifica i momenti giusti per introdurre questi comandi, come quando l'argomento emerge naturalmente o quando l'interlocutore esprime un bisogno o un desiderio che si allinea con il tuo messaggio. Questo non solo aumenta la probabilità che il comando venga ben accolto, ma aiuta anche a mantenere il flusso della conversazione senza interruzioni. Ad esempio, se la discussione riguarda la ricerca di soluzioni, puoi facilmente introdurre un comando nascosto che suggerisce un cambiamento senza che sembri fuori luogo.

Infine, quando pratichi la naturalezza nella conversazione, assicurati di mantenere un tono rilassato e un atteggiamento aperto. Il linguaggio del corpo, le espressioni facciali e il tono di voce giocano un ruolo cruciale nella percezione del messaggio. Se ti mostri accessibile e autentico, è più probabile che il destinatario si senta a suo agio con l'idea e la consideri come un'opzione valida. In sintesi, la chiave per l'efficacia dei comandi nascosti risiede nella loro integrazione fluida e naturale nella conversazione, permettendo loro di risuonare con l'ascoltatore senza provocare resistenza.

6. Sviluppa curiosità per attirare l'attenzione

Suscitare curiosità è una tecnica potente per attirare l'attenzione e rendere i comandi nascosti più efficaci. Quando un messaggio viene formulato in modo da invitare il destinatario a esplorare un'idea nuova o intrigante, si apre la porta a una conversazione più partecipativa. Questo approccio non solo cattura l'attenzione dell'ascoltatore, ma lo spinge anche a impegnarsi attivamente nel processo di riflessione e decisione.

Per raggiungere questo obiettivo, è fondamentale utilizzare frasi che generano intrigo, come "Alcune persone scoprono qualcosa di interessante quando..." o "È sorprendente cosa accade quando...". Queste formulazioni invitano gli ascoltatori a considerare il messaggio come un'opportunità per apprendere o scoprire qualcosa di prezioso, invece di percepirlo come un'istruzione o un comando. Ad esempio, sostituendo "Devi provare questo metodo di organizzazione" con "È interessante come alcune persone vedano un cambiamento significativo quando provano questo metodo di organizzazione", si favorisce un atteggiamento più ricettivo. La curiosità suscita il desiderio di esplorare e comprendere, facilitando l'apertura alla suggestione.

Inoltre, stimolando la curiosità, il comando nascosto viene presentato in modo meno impositivo e più simile a un invito all'esplorazione. Questa sottigliezza nel linguaggio permette al destinatario di sentirsi in controllo della propria decisione, aumentando la probabilità che agisca di propria iniziativa. Questo approccio è particolarmente utile in situazioni in cui il destinatario potrebbe essere riluttante ad accettare consigli o suggerimenti, poiché la curiosità agisce come incentivo a partecipare senza sentirsi sotto pressione.

È essenziale che la curiosità venga suscitata in modo

autentico e pertinente. Assicurati che le informazioni che seguiranno siano allineate agli interessi e alle esigenze dell'ascoltatore, affinché la curiosità generata conduca a un impegno genuino. Se riesci a creare un collegamento tra la curiosità iniziale e il beneficio che il destinatario può ottenere, la probabilità che consideri l'azione proposta aumenterà.

Infine, quando risvegli la curiosità, tieni presente che puoi integrare questa tecnica con elementi visivi o esempi intriganti per mantenere viva l'attenzione dell'ascoltatore. La combinazione di un messaggio verbale che stimola la curiosità con stimoli visivi accattivanti può rendere la comunicazione ancora più efficace, creando così una connessione più profonda e duratura con il tuo pubblico.

In sintesi, suscitare curiosità non solo cattura l'attenzione, ma spinge anche il destinatario ad agire spontaneamente, trasformando il messaggio in un invito all'esplorazione e alla scoperta.

7. Osserva le reazioni e adatta il tuo messaggio

Osservare le reazioni dell'interlocutore è fondamentale per massimizzare l'efficacia dei comandi nascosti. Man mano che introduci questi comandi nella conversazione, è cruciale prestare attenzione ai segnali verbali e non verbali che indicano come sta rispondendo l'altra persona. Le reazioni possono variare considerevolmente da individuo a individuo; alcune persone possono mostrare interesse immediato, mentre altre possono sembrare indifferenti o addirittura confuse.

Prestando attenzione a queste risposte, puoi ottenere informazioni preziose su ciò che risuona con il tuo interlocutore e su ciò che non lo fa. Se noti un'espressione di sorpresa o un sorriso sul suo volto, è probabile che tu stia seguendo la strada giusta. Al contrario, se percepisci segnali di disconnessione, come la mancanza di contatto visivo o un cambiamento nella postura che suggerisce disagio, è un segnale che il tuo messaggio potrebbe aver bisogno di aggiustamenti.

Ciò implica che devi essere pronto a modificare il tuo approccio in tempo reale. Ad esempio, se un comando nascosto genera curiosità ma non porta all'azione desiderata, puoi provare a riformulare il messaggio o presentare un esempio aggiuntivo che ampli l'idea. Se, invece, il destinatario mostra interesse ma esita ad accettare il suggerimento, potresti offrire più contesto o un beneficio attraente che rafforzi la validità del tuo messaggio.

Inoltre, la flessibilità è essenziale. Non tutti i comandi nascosti funzioneranno con ogni interlocutore, quindi la tua capacità di adattarti è cruciale. Ad esempio, se stai parlando con un gruppo eterogeneo, potresti dover impiegare diversi stili di comandi nascosti per connetterti con i vari membri. Osserva come reagisce ciascuna persona e adatta il messaggio di conseguenza, affinché sia più inclusivo ed efficace.

Alla fine, l'obiettivo di questa pratica è migliorare continuamente le tue capacità comunicative. L'osservazione attiva e l'adattamento del messaggio non solo aumentano l'efficacia dei comandi nascosti, ma favoriscono anche una connessione più profonda e autentica con l'interlocutore. Attraverso questo processo, si rafforza la relazione e si crea un ambiente in cui la persona si sente valorizzata e compresa, portandola a una maggiore disponibilità a considerare e accettare i tuoi suggerimenti. Così, l'arte di osservare e adattarsi diventa uno strumento potente per facilitare una comunicazione persuasiva ed efficace.

ESERCIZI PER PRATICARE L'USO DI COMANDI NASCOSTI

Esercizio 1: Trasformazione di istruzioni dirette in comandi nascosti

Obiettivo: Imparare a riformulare affermazioni dirette in comandi nascosti che persuadano in modo sottile, senza creare resistenza nell'interlocutore.

Istruzioni:

1. **Identifica il messaggio diretto:** Pensa a cinque affermazioni dirette che useresti in un contesto professionale, personale o sociale. Esempi:

- "Devi rivedere questo documento prima della riunione."
- "È fondamentale che tu finisca questo progetto entro venerdì."
- "Vorrei che tu prendessi in considerazione di seguire questo corso di sviluppo personale."
- "Devi organizzare il tuo spazio di lavoro per essere più produttivo."
- "È importante che tu ti incontri con il team questa settimana."

1. **Trasforma il messaggio:** Riscrivi ogni affermazione come un comando nascosto. Pensa a come potresti formulare il messaggio in modo che sembri un'osservazione generale o un suggerimento leggero. Alcuni esempi potrebbero essere:

- "Molte persone scoprono che rivedere i documenti prima della riunione offre maggiore chiarezza."
- "Alcuni team di successo scoprono che completare i progetti prima della scadenza consente un miglior controllo della qualità."
- "Molti hanno notato che seguire corsi di sviluppo personale può offrire un vantaggio nel raggiungimento dei propri obiettivi."
- "Alcune persone sentono che uno spazio di lavoro organizzato facilita la produttività."
- "Molti membri del team trovano che riunirsi settimanalmente aiuta a mantenere un flusso di lavoro armonioso."

1. **Valuta l'effetto:** Rifletti su come potrebbero essere recepiti questi comandi nascosti. Considera:

- **Riduzione della resistenza:** Pensi che l'interlocutore si sentirebbe meno sotto pressione o meno resistente di fronte a questa versione nascosta del messaggio?
- **Coinvolgimento personale:** Ritieni che l'interlocutore sarebbe più incline ad accettare il suggerimento percependolo come una propria scelta?
- **Possibile ricettività e risposta:** Come immagini che la persona risponderebbe alla versione nascosta rispetto al messaggio diretto? È più probabile che agisca in modo positivo o addirittura prenda l'iniziativa?

1. **Pratica in nuovi contesti:** Scegli un contesto in cui potresti usare questi comandi nascosti nella vita reale (lavoro, famiglia, amici). Pensa a una situazione specifica e pratica mentalmente o per iscritto una conversazione in cui utilizzi uno o più comandi nascosti che hai creato.
2. **Osservazione e riflessione:** Prova ad applicare questi comandi nascosti in interazioni reali. Prendi nota della reazione dell'interlocutore: si è mostrato più ricettivo o aperto? Ha agito più favorevolmente al suggerimento? Rifletti sull'efficacia di questa tecnica e annota le tue osservazioni.

Questo esercizio ti aiuterà a perfezionare l'abilità di persuadere dolcemente e può essere utile in contesti in cui la sottigliezza è cruciale per ottenere una risposta positiva.

Esercizio 2: Creazione di comandi nascosti per la motivazione personale

Obiettivo: Applicare comandi nascosti nel dialogo interno per promuovere l'autocura, la motivazione e il raggiungimento di obiettivi personali in modo efficace e costante.

Istruzioni:

1. **Definisci un obiettivo personale concreto:** Pensa a un obiettivo specifico che desideri raggiungere e che richieda uno sforzo costante o un cambiamento di abitudini. Alcuni esempi possono essere:

- Mantenere una routine di esercizio regolare.
- Migliorare le tue abitudini alimentari.
- Leggere di più per ampliare le tue conoscenze.
- Ridurre il tempo sui social media per concentrarti su progetti personali.
- Andare a dormire presto per migliorare la tua energia e produttività.

1. **Crea un comando nascosto motivante:** Per ogni obiettivo scelto, scrivi un comando nascosto che sia sottile e che promuova un atteggiamento positivo verso quell'obiettivo. Alcuni esempi includono:

- "Molte persone sentono un'energia rinnovata quando includono l'attività fisica nella loro routine quotidiana."
- "Chi sceglie di mangiare bene spesso nota miglioramenti nell'umore e nella concentrazione."
- "Dedicare un momento al giorno alla lettura può aprire nuove porte e aiutare a rilassarsi alla fine della giornata."
- "C'è chi scopre che, limitando il tempo sui social, trova più spazio per dedicarsi alle proprie passioni."

- "Molti trovano che andare a dormire presto permette di svegliarsi con una mentalità fresca e produttiva."

1. **Integra il comando nel tuo dialogo interno:** Durante la giornata, ripeti mentalmente questi comandi nascosti, soprattutto nei momenti in cui hai bisogno di una spinta motivazionale. Pratica nel menzionarli in modo spontaneo e naturale, come se fossero pensieri casuali piuttosto che ordini diretti.
2. **Osserva l'effetto sulla tua motivazione:** Tieni traccia di come questi comandi nascosti influenzano la tua predisposizione ad agire. Chiediti:

- L'attività ti sembra meno forzata e più attraente?
- Senti meno resistenza e un desiderio più naturale di perseguire l'obiettivo?
- Noti un cambiamento nella motivazione quando pensi all'abitudine o all'azione?

1. **Rifletti sull'efficacia dell'esercizio:** Al termine della settimana, rifletti sugli effetti che questi comandi nascosti hanno avuto sulla tua motivazione. Scrivi le tue osservazioni:

- Questi comandi sono stati utili per ridurre la resistenza all'azione?
- Pensi che ci siano aspetti che potresti modificare per rendere il comando nascosto ancora più efficace?

1. **Adatta e migliora i tuoi comandi nascosti:** In base alle tue osservazioni, adatta o migliora ogni comando per renderlo più adatto alle tue esigenze.

Puoi provare diverse formulazioni, concentrarti su benefici differenti e ripetere l'esercizio nei momenti in cui la tua motivazione cala.

Questo esercizio non solo ti aiuta a stabilire comandi nascosti come strumento di motivazione personale, ma ti permette anche di creare un dialogo interno più positivo e orientato all'autocura e al raggiungimento dei tuoi obiettivi quotidiani.

Esercizio 3: Uso di comandi nascosti nelle conversazioni quotidiane

Obiettivo: Praticare l'inserimento di comandi nascosti nelle conversazioni quotidiane per influenzare dolcemente le decisioni o le idee degli altri.

Istruzioni:

1. **Identifica un'attività o suggerimento naturale nella conversazione:**
2. Pensa ad attività semplici e piacevoli che potresti suggerire in una conversazione quotidiana, come:

- Andare al cinema o guardare un film a casa.
- Provare un nuovo ristorante o caffè.
- Fare una passeggiata o una breve escursione.
- Leggere un libro o fare un'attività creativa insieme.

1. **Crea un comando nascosto per suggerire l'attività:**
2. Prima della conversazione, scegli una frase indiretta che puoi usare per suggerire l'attività senza imporla. Alcuni esempi potrebbero essere:

- "Ho notato che molte persone trovano molto rilassante fare una breve passeggiata dopo cena."
- "Si dice che guardare un bel film in compagnia possa rendere il fine settimana più speciale."

- "Molti amano scoprire nuovi caffè in città; è un modo divertente per staccare un po'."
- "A volte leggere un buon libro cambia completamente l'umore della settimana."

1. **Usa il comando nascosto nella conversazione:**
2. Introduci la tua frase in un momento opportuno, come se fosse un'osservazione casuale invece di un suggerimento diretto. Assicurati che la frase scorra in modo naturale nel contesto della conversazione per non sembrare una raccomandazione esplicita.
3. **Osserva la reazione della persona:**
4. Presta attenzione a come l'altra persona risponde al comando nascosto. Fatti le seguenti domande:

- Ha mostrato interesse per l'attività o addirittura suggerito di farla insieme?
- C'è stata una risposta positiva, come una domanda o un commento che ha mostrato apertura verso l'idea?
- Come ha influenzato questa sottile suggestione la direzione o il tono della conversazione?

1. **Rifletti sull'effetto del comando nascosto:**
2. Dopo la conversazione, valuta come il comando nascosto ha influenzato la dinamica. Annota le tue osservazioni:

- Il comando ha avuto l'effetto desiderato? Perché pensi che abbia funzionato o meno?
- Pensi che la persona fosse più aperta al suggerimento grazie alla natura indiretta del messaggio?
- Potresti modificare il linguaggio o il tono per renderlo ancora più efficace in futuro?

1. **Pratica in diversi contesti:**
2. Cerca di ripetere questo esercizio in ambienti diversi e con persone differenti (amici, familiari, colleghi di lavoro) per vedere come i comandi nascosti possono avere diversi livelli di influenza a seconda del contesto.

Questo esercizio è ideale per chi desidera migliorare le proprie capacità di persuasione in contesti informali e imparare a suggerire idee in modo efficace senza fare pressione sugli altri, rendendo le conversazioni più naturali e piacevoli.

Esercizio 4: Creazione di comandi nascosti per leadership e lavoro di squadra

Obiettivo: Sviluppare la capacità di influenzare i team di lavoro e promuovere un'atmosfera collaborativa senza dover dare ordini diretti.

Istruzioni:

1. **Identifica situazioni chiave sul lavoro:**
2. Pensa a tre scenari lavorativi comuni in cui influenzare in modo indiretto potrebbe essere utile. Alcuni esempi possono essere:

- **Completare un progetto entro la scadenza:** Forse vuoi motivare il team a lavorare con maggiore efficacia e mantenere il focus.
- **Migliorare la comunicazione nel team:** Potresti aver notato che la comunicazione è irregolare o che alcuni problemi vengono trascurati.
- **Accettare una nuova sfida o cambiamento organizzativo:** Vuoi che il team veda il cambiamento in modo positivo e sia disposto ad adattarsi.

1. **Redigi un comando nascosto per ogni scenario:**

2. Usa un approccio positivo e motivante per redigere comandi nascosti per ciascuna situazione. Assicurati che ogni frase sembri un'osservazione casuale e vantaggiosa, piuttosto che un'istruzione diretta. Alcuni esempi includono:

- **Per il completamento del progetto:** "Spesso, i team che rispettano le scadenze si sentono davvero soddisfatti nel vedere l'impatto del loro lavoro."
- **Per migliorare la comunicazione:** "I team che mantengono una comunicazione costante tendono a risolvere i problemi con più rapidità ed efficacia."
- **Per accettare una sfida:** "Molti scoprono che affrontare nuove sfide aiuta a sviluppare competenze che non immaginavano."

1. **Utilizza i comandi nascosti durante riunioni o conversazioni di gruppo:**
2. Inserisci questi comandi nascosti durante le riunioni o nelle conversazioni quotidiane con il team. Cerca di farlo in modo naturale, integrando i messaggi nei tuoi interventi come se fossero osservazioni su altri team o esperienze passate.
3. **Osserva la reazione del team:**
4. Presta attenzione alle risposte dei membri del team. Rifletti su come reagiscono:

- Mostrano una maggiore disponibilità a seguire i suggerimenti o adottare le attitudini proposte?
- Sembrano motivati e coinvolti senza sentirsi sotto pressione?
- C'è stato un aumento dell'interesse o della partecipazione sul tema?

1. **Rifletti sull'efficacia dei comandi nascosti:**

2. Annota le tue osservazioni e rifletti sull'impatto di questi comandi:

- Hanno influenzato la disponibilità del team ad accogliere i suggerimenti?
- Hanno funzionato meglio di un'istruzione diretta? Perché pensi che sia stato così?
- Potresti modificare il tono o l'approccio per renderli ancora più efficaci in contesti futuri?

1. **Prova e adatta in diverse situazioni lavorative:**
2. Man mano che ti familiarizzi con l'uso dei comandi nascosti, sperimenta in contesti differenti e con vari team o dipartimenti. Osserva come le esigenze e le personalità individuali possono rispondere diversamente e adatta il tuo approccio in base al gruppo.

Questo esercizio consente ai leader e ai facilitatori di influenzare il team in modo sottile e positivo, contribuendo a migliorare la collaborazione e la motivazione, facendo sembrare gli obiettivi una scelta naturale. Ciò favorisce un ambiente di lavoro cooperativo e proattivo.

Esercizio 5: Creazione di comandi nascosti nel marketing

Obiettivo: Sviluppare la capacità di integrare comandi nascosti nei messaggi di marketing o vendita, promuovendo prodotti o servizi in modo sottile e persuasivo.

Istruzioni:

1. **Scegli un prodotto o servizio da promuovere:**
2. Seleziona un prodotto o servizio che desideri promuovere, che sia nel tuo campo professionale o uno con cui hai familiarità. Esempi possono includere:

- Un software di produttività.
- Un corso online sullo sviluppo personale.
- Un servizio di consegna di cibo fresco.
- Un dispositivo tecnologico per la casa.

1. **Scrivi un messaggio promozionale diretto:**
2. Per prima cosa, scrivi un messaggio di vendita diretto per il prodotto o servizio scelto. Esempio di messaggio diretto:

- "Acquista questo software per organizzare la tua giornata ed essere più produttivo."

1. **Trasforma il messaggio in un comando nascosto:**
2. Riformula il messaggio utilizzando un comando nascosto che inviti sottilmente all'azione senza fare una chiamata alla vendita diretta. Esempi:

- **Per il software di produttività:** "Molte persone trovano che organizzare la loro giornata con questo software semplifica davvero la vita e aumenta la produttività."
- **Per il corso online:** "Spesso, chi si iscrive a questo corso scopre che la propria fiducia cresce con ogni lezione."
- **Per il servizio di consegna di cibo:** "Ogni giorno sempre più persone sperimentano la comodità di ricevere cibo fresco a casa, migliorando la loro alimentazione senza sforzo."
- **Per il dispositivo tecnologico:** "Immagina quanto sia facile controllare tutta la tua casa con un semplice tocco."

1. **Valuta l'efficacia di entrambi i messaggi:**

2. Confronta la versione diretta con quella nascosta e rifletti sulle differenze di impatto:

- Il messaggio nascosto sembra più sottile e accessibile?
- Il lettore può immaginare i benefici del prodotto o servizio senza sentire una pressione diretta per acquistarlo?
- Come cambia il tono del messaggio con l'uso di un comando nascosto?

1. **Prova e rifletti sull'uso nei diversi canali di marketing:**
2. Pensa a come il comando nascosto potrebbe funzionare in diversi contesti, come annunci sui social media, email promozionali o descrizioni di prodotti su un sito web. Rifletti su:

- Quale dei messaggi credi avrebbe un impatto maggiore sulle piattaforme digitali?
- Il messaggio nascosto potrebbe influenzare più efficacemente la decisione di acquisto?

1. **Documenta e adatta per diverse audience:**
2. Fai una lista di diversi tipi di pubblico a cui potresti rivolgere questi comandi nascosti e adatta i messaggi in base al profilo del cliente (ad esempio, giovani interessati alla tecnologia o genitori che cercano soluzioni pratiche). Osserva se la sottigliezza del comando nascosto cambia in termini di efficacia in base al pubblico e al canale utilizzato.

Questo esercizio è utile per i professionisti del marketing e delle vendite che desiderano migliorare l'efficacia dei loro messaggi promozionali, invitando il cliente a immaginare i benefici del prodotto senza percepire una pressione diretta, facilitando così un processo di acquisto più naturale e attraente.

Esercizio 6: Riflettere sull'impatto dei comandi nascosti

Obiettivo: Analizzare come i comandi nascosti possano modificare la percezione e la disponibilità del destinatario, facilitando una comunicazione più aperta e ricettiva.

Istruzioni:

1. **Identifica una situazione recente con un suggerimento diretto:**
2. Pensa a una situazione recente in cui qualcuno ti ha fatto un suggerimento o una richiesta in modo diretto. Potrebbe trattarsi di qualcosa come:

- "Dovresti partecipare di più alle riunioni."
- "Devi organizzare meglio i tuoi compiti."

1. **Riformula il messaggio come un comando nascosto:**
2. Prendi il messaggio diretto e riscrivilo in forma di comando nascosto. Esempi:

- **Messaggio diretto:** "Dovresti partecipare di più alle riunioni."
- **Comando nascosto:** "Ho notato che alcune persone si sentono più valorizzate quando condividono le loro idee durante le riunioni."
- **Messaggio diretto:** "Devi organizzare meglio i tuoi compiti."
- **Comando nascosto:** "Molte persone trovano utile stabilire le priorità per avere una settimana più produttiva."

1. **Rifletti sull'impatto del cambiamento nel messaggio:**
2. Considera come ti saresti sentito nel ricevere il messaggio nascosto invece della versione diretta. Rifletti su:

- **Ricettività:** Ti saresti sentito più aperto a considerare il suggerimento nella sua forma nascosta?
- **Emozione e reazione:** Come cambia la tua disposizione emotiva in ciascun caso? Il messaggio nascosto ti sembra meno impositivo e più invitante?
- **Controllo e autonomia:** Senti che il messaggio nascosto ti lascia più libertà di decidere autonomamente?

1. **Pensa alle applicazioni nella tua comunicazione quotidiana:**
2. Valuta come potresti usare comandi nascosti nelle tue interazioni quotidiane, sia sul lavoro, nelle relazioni personali o in situazioni sociali. Rifletti su:

- In che modo questa tecnica potrebbe far sentire i destinatari dei tuoi messaggi più valorizzati e meno sotto pressione?
- Ritieni che questa tecnica migliorerebbe la persuasione nelle tue conversazioni, facilitando una comunicazione più costruttiva e delicata?

1. **Documenta le tue osservazioni:**
2. Annota le tue riflessioni e osserva se emergono schemi su come i comandi nascosti possano ammorbidire i messaggi e aprire spazi di dialogo.

Questo ti aiuterà a sviluppare un approccio più naturale ed empatico per future interazioni.

Questo esercizio consente di approfondire l'influenza dei comandi nascosti sulla ricettività e sulla risposta emotiva degli altri, aiutandoti ad applicare la tecnica in situazioni future per ottenere una comunicazione più persuasiva e rispettosa.

CAPITOLO 9
INTERRUZIONE DEI MODELLI

L'interruzione dei modelli è una tecnica potente nel campo della comunicazione persuasiva e terapeutica. Si basa sul rompere schemi di pensiero o comportamenti prevedibili, consentendo agli interlocutori di mettere in discussione le loro risposte automatiche ed esplorare nuove possibilità. Questa strategia è ampiamente utilizzata in psicologia, vendite, coaching e leadership, poiché permette di sfidare credenze, superare resistenze e facilitare cambiamenti significativi nella percezione e nel comportamento. Questo capitolo approfondirà come impiegare l'interruzione dei modelli in diversi contesti, con esempi ed esercizi pratici per integrare questa abilità nelle interazioni quotidiane.

L'essenza dell'interruzione dei modelli risiede nella sua capacità di sorprendere la persona, sia con un commento inaspettato, un'azione insolita o un cambiamento nel ritmo o nel tono della conversazione. Questa breve sorpresa o disorientamento temporaneo provoca una "pausa" nel processo di pensiero abituale, consentendo alla mente conscia di fermarsi momentaneamente e creare spazio per nuove idee e prospettive. In questa pausa, la mente diventa più ricettiva ad accettare cambiamenti o a riconsiderare punti di vista precedenti, poiché si riduce la resistenza che spesso accompagna ciò che è familiare e prevedibile.

L'interruzione dei modelli funziona anche come un "riavvio" del sistema di elaborazione mentale. Quando ci si trova di fronte a una risposta o azione inaspettata, la mente ha bisogno di adattarsi e, in quel processo, sospende temporaneamente le difese automatiche o le risposte condizionate. Questo apre l'opportunità per il comunicatore di offrire una nuova prospettiva o direzione senza che l'interlocutore reagisca in modo difensivo. Nel contesto terapeutico, ad esempio, può essere usata per aiutare i pazienti a uscire da circoli viziosi di pensieri negativi o autolimitanti, facilitando l'accesso a nuove interpretazioni della realtà.

Dal punto di vista della persuasione, l'interruzione dei modelli è uno strumento chiave per distogliere l'attenzione da eventuali obiezioni o dubbi, reindirizzandola verso idee fresche e prospettive diverse. Immagina un venditore che, accorgendosi che il cliente sta per rifiutare una proposta, introduce una domanda insolita o condivide un aneddoto che cattura l'attenzione e altera la dinamica della conversazione. Questa strategia spezza il flusso delle obiezioni e reindirizza l'attenzione verso gli aspetti positivi o attraenti dell'offerta. Negli ambienti aziendali o di leadership, questa tecnica può essere impiegata per creare un'atmosfera di apertura e creatività, in cui i team si sentano meno inibiti e più disposti a esplorare nuove idee.

Affinché l'interruzione dei modelli sia efficace, è importante che l'intervento sia sottile ma sufficientemente incisivo da catturare l'attenzione. Un'interruzione troppo aggressiva o dirompente potrebbe causare disagio o confusione, portando la persona a ritirarsi o a sentirsi a disagio. È quindi essenziale che il comunicatore adatti la tecnica al contesto e alla disposizione emotiva dell'interlocutore. La chiave sta nel creare una pausa breve ed efficace, che non sia invasiva ma che riesca a interrompere temporaneamente il flusso di pensiero.

Inoltre, l'interruzione dei modelli può essere particolarmente utile per interrompere cicli di comportamento negativi o improduttivi. Ad esempio, se una persona tende a procrastinare di fronte a compiti importanti, un intervento sorprendente, come suggerire un approccio radicalmente diverso o suddividere il compito in segmenti inaspettati, può aiutare a disattivare questa tendenza automatica. Questo approccio non solo modifica la risposta immediata, ma pone anche le basi per costruire un nuovo schema comportamentale, poiché alterando il ciclo abituale si interrompe l'"ancoraggio" emotivo o mentale che lo sostiene.

A livello interpersonale, l'interruzione dei modelli favorisce una comunicazione più dinamica e aperta. In una conversazione di coppia, ad esempio, se entrambi sono bloccati in un ciclo di discussioni ripetitive, un cambiamento inaspettato nel tono o nel contenuto della conversazione può rompere il ciclo, facilitando la considerazione di nuove soluzioni ai conflitti. Allo stesso modo, nelle relazioni di amicizia o familiari, questa tecnica può allentare le tensioni e rinnovare il dialogo, poiché la sorpresa o il cambiamento nel modello prevedibile alleggeriscono il peso dei conflitti irrisolti o delle dinamiche stagnanti.

Un altro vantaggio dell'interruzione dei modelli è la sua adattabilità a una varietà di contesti e stili comunicativi. A seconda della situazione, l'interruzione può essere sottile e umoristica, o seria e riflessiva. In ambito lavorativo, un'interruzione scherzosa può disattivare la tensione e rilassare il team, mentre un'interruzione più profonda può aiutare i collaboratori a mettere in discussione i propri metodi di lavoro e a considerare approcci diversi. La flessibilità di questa tecnica consente di personalizzarla in base agli obiettivi specifici e al tipo di interazione in corso.

In sintesi, l'interruzione dei modelli offre un modo potente e versatile per modificare le dinamiche comunicative e comportamentali, aiutando le persone a uscire da schemi automatici ed esplorare nuove possibilità. Questa tecnica non solo facilita il cambiamento, ma contribuisce anche a creare un ambiente di maggiore apertura e ricettività, in cui le idee possono essere esplorate con freschezza e creatività. Comprendere quando e come utilizzare questa tecnica è fondamentale per massimizzarne l'efficacia e rendere l'interlocutore più disposto a considerare nuove forme di pensiero e di azione.

ESEMPI DI UTILIZZO DELL'INTERRUZIONE DEI MODELLI

Esempio 1: In una conversazione di vendita

Contesto: Un venditore interagisce con un cliente che ha mostrato interesse per il prodotto, ma che evita di prendere una decisione finale. Nonostante l'interesse, il cliente sembra riluttante a impegnarsi, forse a causa di dubbi non espressi apertamente o di una sensazione di incertezza sull'investimento.

Interruzione del modello: Il venditore, invece di continuare con i soliti argomenti sul prodotto, cambia improvvisamente approccio e dice: "Sai qual è stata la ragione più inaspettata per cui un cliente ha deciso di acquistare questo prodotto?" e, notando la reazione incuriosita del cliente, prosegue: "È stato perché gli ricordava qualcosa che aveva sempre voluto migliorare nella sua vita quotidiana, qualcosa che rendeva la sua routine più semplice, e questo prodotto gli offriva esattamente quello, anche se non se ne era accorto prima."

Impatto: Questa interruzione funziona su diversi livelli. In primo luogo, suscita la curiosità del cliente, che ora desidera sapere di più sull'esperienza di altri utenti e su come il prodotto abbia avuto un impatto sulle loro vite in modi unici. Questo cambiamento disorienta brevemente il cliente, interrompendo la sua resistenza automatica e promuovendo uno spazio di riflessione. L'aneddoto del venditore consente inoltre al cliente di immaginare come il prodotto potrebbe migliorare la propria vita in modi che non aveva considerato. Inoltre, utilizzando una storia meno convenzionale, il venditore trasforma la conversazione da una tipica "vendita" a un dialogo personale e rilevante, invitando il cliente a rivalutare i propri dubbi e a considerare l'acquisto da una prospettiva emotiva e pratica più attraente.

Esempio 2: In una terapia per l'ansia

Contesto: Un terapeuta sta lavorando con un paziente che tende a rimanere intrappolato in un ciclo di preoccupazioni e pensieri ricorrenti legati all'ansia. Quando il paziente inizia a esprimere una lista dettagliata delle sue preoccupazioni, il terapeuta nota che questo schema di pensiero sembra condurlo a uno stato di ansia sempre più elevato, senza possibilità di pausa.

Interruzione del modello: Mentre il paziente parla, il terapeuta cambia tono e, con un atteggiamento calmo e curioso, chiede in modo inaspettato: "A proposito, riesci a ricordare il colore esatto della camicia che indossavi ieri?" o "Ti ricordi com'era il tempo durante la tua ultima passeggiata?". Questo cambio di direzione sorprende il paziente, distogliendolo brevemente dai suoi pensieri abituali.

Impatto: Questa domanda sembra completamente estranea alla conversazione sull'ansia, causando una breve interruzione nel flusso di pensieri del paziente. Nel dover rispondere a una domanda inaspettata, il paziente è costretto a uscire dal ciclo dei pensieri ansiosi e a concentrarsi su un ricordo o una percezione concreta e diversa. Questo cambiamento di focus crea una piccola "pausa mentale" che aiuta a ridurre l'intensità dei pensieri ripetitivi e ansiosi. Inoltre, questa pausa può servire come punto di ingresso per il terapeuta, che può introdurre tecniche di gestione dell'ansia, come la consapevolezza (mindfulness) o esercizi di respirazione. Ciò aiuta il paziente a sviluppare la capacità di distanziarsi volontariamente dai pensieri intrusivi, facilitando un maggiore senso di calma e controllo sulla propria mente.

Esempio 3: In leadership durante una riunione di team

Contesto: Un leader di team nota che i membri sono bloccati in un ciclo di discussione circolare, in cui ogni partecipante si concentra esclusivamente sulla difesa del proprio punto di vista senza cedere terreno. La conversazione è stagnante e le tensioni iniziano ad aumentare, rendendo difficile trovare una soluzione condivisa.

Interruzione del modello: Invece di intervenire per mediare o chiedere ai partecipanti di riconsiderare le loro posizioni, il leader introduce una domanda inaspettata per cambiare approccio: "Immaginiamo di essere in una situazione estrema, come durante un blackout totale, e di dover risolvere questo problema in cinque minuti. Quali idee o soluzioni emergerebbero allora?".

Impatto: Questa domanda disorienta momentaneamente i membri del team, distogliendoli dall'enfasi difensiva e dalla situazione di conflitto diretto. L'idea di affrontare una "situazione estrema" e di pensare a una risoluzione rapida introduce una nuova prospettiva che reindirizza l'energia del gruppo verso soluzioni alternative e meno convenzionali. Essendo uno scenario immaginario e fuori dall'ordinario, i collaboratori sono più disposti a considerare idee che prima avrebbero ignorato. Questo cambiamento di contesto aiuta inoltre a ridurre la tensione e promuove un approccio collaborativo, permettendo al team di trovare un terreno comune. Questo tipo di interruzione del modello stimola la creatività e rafforza l'idea che, a volte, uscire dagli schemi abituali sia la chiave per sbloccare soluzioni innovative e raggiungere una decisione condivisa.

Esempio 4: In una conversazione di coppia

Contesto: Una coppia si trova in una discussione ricorrente su preoccupazioni finanziarie, in cui entrambi tendono a ripetere gli stessi argomenti e punti di vista senza raggiungere un accordo. La ripetizione delle posizioni e l'intensità emotiva rendono la conversazione frustrante e poco produttiva, generando tensione.

Interruzione del modello: Invece di continuare con gli stessi argomenti o insistere sui punti già sollevati più volte, uno dei partner introduce una domanda inaspettata: "Ti immagini come ricorderemo questa discussione tra dieci anni?"

Impatto: Questo cambiamento nella conversazione invita la coppia ad adottare una prospettiva a lungo termine e a riflettere sull'importanza relativa della discussione nel contesto più ampio della loro vita. Pensando a come potrebbero ricordare questo momento in futuro, entrambi sono costretti a uscire dall'immediatezza e dall'emotività del conflitto, e probabilmente riconosceranno che la tensione attuale potrebbe perdere rilevanza col tempo. Questo approccio permette alla coppia di distanziarsi emotivamente, rilassando l'atmosfera e creando uno spazio mentale per affrontare il tema in modo più calmo ed empatico. Introdurre una prospettiva futura non solo facilita una risoluzione più collaborativa, ma può anche rafforzare il legame, poiché entrambi ricordano che stanno costruendo una vita insieme e che molti disaccordi possono essere temporanei.

Esempio 5: Durante una presentazione aziendale

Contesto: Durante una lunga e tecnica presentazione sullo sviluppo di un prodotto, un dirigente si accorge che il pubblico, composto da colleghi e dirigenti, inizia a mostrare segnali di disinteresse. L'approccio tecnico e la durata della presentazione hanno generato monotonia e il pubblico sembra disconnesso, con alcuni che controllano il telefono o guardano l'orologio.

Interruzione del modello: Notando questa mancanza di coinvolgimento, il dirigente cambia immediatamente tono e, con un leggero tocco di umorismo, dice: "Per un momento, immaginate di essere scienziati pazzi in un laboratorio segreto, come reinventeremmo questo prodotto da zero?"

Impatto: Questa domanda sorprendente interrompe immediatamente la monotonia introducendo un'immagine creativa e poco convenzionale che cattura l'interesse del pubblico. Evocare l'idea di essere "scienziati pazzi" stimola l'immaginazione e porta gli ascoltatori a visualizzare una situazione fuori dal comune, liberandoli dai vincoli degli approcci tradizionali. Questo cambiamento di tono cattura l'attenzione del pubblico e apre la possibilità di esplorare idee audaci e innovative senza le restrizioni abituali. Inoltre, l'interruzione del modello nella presentazione genera un'energia rinnovata nella sala, ispirando i partecipanti e spingendoli a contribuire attivamente alla discussione. Questa tecnica non solo rende la presentazione più memorabile, ma incoraggia anche una mentalità aperta verso la creatività e l'innovazione nel progetto.

Esempio 6: In aula durante una lezione

Contesto: Un insegnante di scienze nota che, a metà lezione, i suoi studenti mostrano chiari segni di noia e demotivazione. Alcuni si inclinano sui banchi, altri guardano fuori dalla finestra o giocherellano con le matite, e le risposte alle domande sono sempre più brevi e monotone. La classe sembra bloccata in uno stato generale di apatia e disinteresse.

Interruzione del modello: Notando la necessità di cambiare l'atmosfera, l'insegnante interrompe inaspettatamente e con tono intrigante dice: "E se tutto quello che sappiamo su questo argomento fosse sbagliato? Vi immaginate come cambierebbero le nostre conclusioni e le scoperte che potremmo fare?"

Impatto: Questa domanda rompe lo schema abituale della lezione e pone una sfida inaspettata che suscita la curiosità degli studenti. Invece di seguire una struttura di apprendimento passiva, l'insegnante invita gli studenti a mettere in discussione le loro conoscenze e a immaginare nuovi scenari, incoraggiando il pensiero critico. Questa interruzione del modello fa sentire gli studenti parte di una "ricerca" che va oltre i libri di testo, dando loro la libertà di esplorare idee senza paura di sbagliare. La domanda crea anche un ambiente di apertura, motivando gli studenti a interagire e condividere prospettive diverse. Immaginando ipotesi, l'insegnante stimola un livello di partecipazione più attivo e genera un rinnovato interesse per l'argomento, trasformando la lezione in un'esperienza di apprendimento più coinvolgente e memorabile.

Esempio 7: In una negoziazione contrattuale

Contesto: Due team di negoziatori sono nel bel mezzo di una riunione prolungata per concordare i termini di un contratto importante. Entrambi i gruppi sono arrivati a un punto morto, difendendo con fermezza le loro posizioni senza cedere sugli aspetti critici dell'accordo. La tensione nella sala è palpabile e la conversazione ha assunto un tono difensivo, con ogni parte che si sente sempre più lontana da un accordo.

Interruzione del modello: Uno dei negoziatori, consapevole della necessità di cambiare la dinamica, interrompe il ciclo di disaccordo dicendo: "Immaginiamo per un momento di aver già raggiunto un accordo ideale, il contratto perfetto per entrambi. Come ci sentiremmo e quali aspetti della nostra collaborazione vedremmo funzionare meglio?"

Impatto: Questa interruzione del modello trasporta la conversazione dal punto di attrito attuale a una visione costruttiva del futuro. Invitando entrambe le parti a immaginare come si sentirebbero in uno scenario di successo, si disattiva momentaneamente il conflitto in corso e si focalizza l'energia su un risultato positivo condiviso. Questa visualizzazione positiva aiuta i negoziatori a identificare ciò che realmente apprezzano della collaborazione, favorendo una riflessione congiunta sui benefici di trovare una soluzione. Invece di concentrarsi sui disaccordi, questa domanda incoraggia l'apertura a compromessi, poiché entrambe le parti iniziano a vedere il valore di un accordo, avvicinandosi con un atteggiamento più collaborativo e meno difensivo.

Esempio 8: Nella creazione di abitudini salutari

Contesto: Un personal coach lavora con un cliente che tende a trovare scuse ricorrenti per evitare di fare esercizio, nonostante si sia impegnato a migliorare la propria salute. Il cliente afferma spesso di "non avere tempo" o che "l'esercizio è troppo faticoso", riflettendo una mentalità di resistenza che ostacola i suoi progressi.

Interruzione del modello: Invece di insistere nuovamente sui benefici dell'esercizio o di fare pressione, il coach cambia approccio e pone una domanda inaspettata: "Che ne diresti se fare esercizio fosse naturale e facile come lavarsi i denti? Riesci a immaginare come sarebbe la tua giornata se l'esercizio diventasse una routine automatica a cui nemmeno pensi?"

Impatto: Questo commento introduce un'analogia familiare che permette al cliente di visualizzare l'esercizio in un modo nuovo, allontanandosi dall'idea di "sforzo" e avvicinandosi a quella di "abitudine quotidiana". Paragonando l'esercizio a un'attività semplice e automatica come lavarsi i denti, il coach interrompe il ciclo di pensieri che alimentano le scuse, sfidando dolcemente la percezione che l'esercizio sia qualcosa di "pesante" o "straordinario". Questa visualizzazione riduce la resistenza e aiuta il cliente a riconsiderare l'impegno necessario per allenarsi, percependolo come accessibile e sostenibile. Inoltre, questa interruzione del modello può motivare il cliente a pensare a modi concreti per integrare l'esercizio nella routine quotidiana, sostenendo un cambiamento graduale verso uno stile di vita più sano senza pressioni.

Esempio 9: In marketing e pubblicità

Contesto: Un'azienda lancia una campagna di marketing per un prodotto innovativo che aiuta gli utenti a gestire il proprio tempo in modo più efficiente. Tuttavia, la presentazione tradizionale dei benefici come "risparmio di tempo" o "miglioramento della produttività" non genera abbastanza impatto né differenzia il prodotto in un mercato saturo.

Interruzione del modello: Invece di continuare a descrivere il prodotto in modo diretto, l'annuncio propone una domanda intrigante: "Che cosa accadrebbe se potessi guadagnare un'ora extra nella tua giornata semplicemente usando questo prodotto?". Questo messaggio non menziona esplicitamente il prodotto, ma invita il consumatore a immaginare un beneficio tangibile e desiderabile — un'"ora extra" — suscitando immediatamente interesse.

Impatto: La domanda sorprende e disorienta leggermente il consumatore, distogliendolo dalla logica pubblicitaria convenzionale. Evocando l'idea di "guadagnare un'ora in più", un desiderio comune a molte persone, si introduce un elemento di novità e rilevanza emotiva che cattura l'attenzione. L'interruzione del modello qui genera curiosità, poiché il consumatore si sente intrigato dalla possibilità di aggiungere tempo alla propria giornata. Questo approccio spinge i consumatori a chiedersi come il prodotto possa offrire un beneficio così unico, stimolando un interesse naturale per saperne di più.

Inoltre, il messaggio non solo attira l'attenzione, ma cambia anche l'ottica del consumatore, portandolo a considerare come il prodotto possa avere un impatto reale e significativo sulla propria vita quotidiana. Rompendo la struttura tipica degli annunci focalizzati sulle caratteristiche, l'azienda crea una campagna più memorabile, creativa ed emotivamente coinvolgente, aumentando le probabilità che i consumatori cerchino ulteriori informazioni e siano più interessati all'acquisto del prodotto.

CONSIGLI PRATICI PER CREARE INTERRUZIONI DI SCHEMI

L'interruzione di schemi è una tecnica efficace per rompere routine di pensiero o comportamento prevedibili, generando una pausa che permette di reindirizzare l'attenzione o aprire la mente a nuove idee. Per sfruttarne appieno il potenziale, è importante applicarla in modo sottile e creativo. Di seguito ti presento 10 consigli pratici per creare interruzioni di schemi efficaci:

1. Osserva gli schemi di pensiero o comportamento precedenti

Per interrompere efficacemente uno schema, devi prima comprendere bene il comportamento o il pensiero che desideri reindirizzare. Ciò implica osservare attentamente come la persona reagisce o si comporta in situazioni simili, prestando attenzione alle sue risposte automatiche o reazioni abituali. Questa osservazione può aiutarti a identificare i momenti in cui la persona entra in una routine mentale o emotiva, una sorta di "zona di comfort" di reazioni prevedibili. Con questa consapevolezza, puoi scegliere il momento migliore e il modo più sottile per introdurre un cambiamento che alteri il flusso di pensiero o di risposta senza generare resistenza.

Ad esempio, immagina di avere a che fare con un cliente che tende a rispondere con un rifiuto automatico a qualsiasi suggerimento di cambiamento sul prodotto o servizio. Se noti che la sua prima reazione è sempre difensiva o negativa, puoi interrompere questo schema proponendo qualcosa di inaspettato o ponendo una domanda che lo porti a riconsiderare la sua risposta iniziale. Questo non solo attenua la sua reazione, ma apre anche uno spazio per nuove opzioni o alternative che prima non aveva considerato.

Osservare gli schemi precedenti è utile anche in contesti personali e lavorativi: se un membro del tuo team rimane sempre in silenzio durante le riunioni quando si discutono determinati temi, puoi sfruttare questa consapevolezza per introdurre un cambiamento che rompa quella dinamica, magari rivolgendogli una domanda diversa o proponendo una prospettiva inaspettata. Invece di continuare con il solito flusso della riunione, potresti interrompere lo schema con una domanda che lo inviti a esprimere le sue idee senza sentirsi sotto pressione.

Questo approccio non solo consente di interrompere risposte automatiche, ma mostra anche all'altra persona che comprendi il suo stile di pensiero, offrendole l'opportunità di esplorare risposte nuove e più autentiche.

2. Crea aspettative per poi romperle in modo sottile

Creare aspettative familiari e poi introdurre una deviazione sottile è una tecnica potente per interrompere schemi in modo efficace. Questa strategia funziona perché il cervello umano tende a cercare schemi e prevedibilità; quando si trova di fronte a qualcosa di inaspettato, si risveglia automaticamente un interesse rinnovato e l'attenzione aumenta. Introdurre una sorpresa al momento giusto non solo cattura l'interesse, ma apre anche la mente del destinatario a nuove idee, disattivando spesso qualsiasi resistenza precedente.

Immagina di essere nel bel mezzo di una presentazione aziendale. Inizi con una struttura classica: introduzione, benefici del prodotto e un elenco delle funzionalità. Proprio quando il pubblico si aspetta che tu prosegua con quella struttura prevedibile, puoi interromperla con una domanda insolita, come: "Qual è secondo voi il motivo meno ovvio per cui le persone scelgono questo prodotto?" oppure raccontando un aneddoto sorprendente e breve che susciti curiosità e connetta emotivamente con il tuo messaggio. Questa sorpresa crea una "pausa" mentale nel flusso di pensiero del pubblico, riattivando la sua attenzione e ricettività.

In una conversazione interpersonale, creare aspettative e poi romperle può funzionare in modo simile. Se l'altra persona si aspetta una risposta o un atteggiamento specifico in base a come hai gestito situazioni simili in passato, puoi introdurre un elemento inaspettato, come rispondere con una metafora o un cambio di prospettiva che normalmente non useresti. Questo rompe la familiarità dell'interazione e reindirizza la conversazione, permettendo un approccio rinnovato a ciò che stai cercando di comunicare.

Questa tecnica non solo facilita l'attenzione del pubblico o dell'interlocutore, ma fa anche vedere il tuo messaggio da un angolo nuovo e interessante. È un modo sottile per rendere la tua comunicazione memorabile, interrompendo dolcemente le aspettative e invitando l'altra persona a partecipare attivamente allo scambio.

3. Usa l'umorismo o l'assurdo per scollegarti dalla risposta automatica

Usare l'umorismo o un tocco di assurdità può essere uno strumento molto efficace per disattivare risposte automatiche e creare una pausa nel flusso mentale dell'altra persona. L'umorismo ha la capacità unica di rilassare e aprire le persone, riducendo la tensione in situazioni difficili e smorzando la difesa naturale di una persona quando si trova ad affrontare argomenti delicati o conflitti. Introducendo un commento umoristico o inaspettato, si fa in modo che l'altra persona si scolleghi momentaneamente dal suo stato emotivo o di pensiero rigido, permettendole di affrontare la situazione da una prospettiva più rilassata e flessibile.

Ad esempio, in una conversazione dove la tensione sta salendo, un commento umoristico ben posizionato come "Chi avrebbe mai pensato che questo ci avrebbe dato materiale per un film drammatico?" può rompere la serietà della situazione. Questo tipo di interruzione fa sì che entrambe le parti si fermino un attimo per sorridere o ridere, il che può aiutare a rilassare le emozioni e a portare la conversazione su un tono più amichevole e collaborativo.

L'assurdità funziona anche in contesti formali, come nelle negoziazioni o nelle vendite. Un commento apparentemente fuori luogo, come "E se l'accordo includesse un'isola privata?

Anche solo per il fine settimana," può non solo sorprendere, ma anche generare un sorriso che cambia la dinamica dell'interazione. Quando le persone sono rigide o sulla difensiva, l'assurdo permette loro di vedere la conversazione da un angolo inaspettato, ricordando loro che la situazione non è sempre così seria come sembra.

È fondamentale usare l'umorismo o l'assurdità con cautela e rispetto. Assicurati che sia appropriato per la persona e il contesto in questione, poiché l'intenzione è quella di ammorbidire l'interazione e generare fiducia, non banalizzare le preoccupazioni dell'altra persona. Quando utilizzato con sensibilità, l'umorismo e l'imprevedibile possono essere la chiave per aprire la porta verso una conversazione più aperta e ricettiva, stimolando la creatività e aiutando le persone a connettersi a un livello più umano e disteso.

4. Introduci una domanda riflessiva o creativa

Introducendo una domanda riflessiva o creativa si interrompe efficacemente il flusso di pensieri ripetitivi o automatici, aiutando l'interlocutore a esplorare la situazione da un angolo completamente nuovo. Questo tipo di domande ha il potere di ampliare il quadro mentale della persona, invitandola a uscire dal focus ristretto in cui probabilmente si trovava, promuovendo una prospettiva più ampia e profonda.

Ad esempio, domande come "Come immagineresti questo stesso problema se lo risolvessi con gli strumenti che avrai tra cinque anni?" o "Quali consigli pensi ti darebbe qualcuno che ammiri in questa situazione?" generano una pausa che interrompe la logica immediata o la catena di pensieri fissi. Formulando domande che proiettano la persona fuori dal contesto attuale, la si aiuta a scollegarsi dalle risposte automatiche e concentrarsi su possibilità alternative o sulla saggezza del "tuo io futuro", una prospettiva che spesso è più equilibrata e meno emotiva.

Le domande creative o inaspettate possono anche rivitalizzare conversazioni che sembrano stagnanti. Chiedere qualcosa come "Cosa cambierebbe se affrontassimo questa situazione come se fosse un'opportunità invece che un problema?" o "Se dovessi spiegare questa situazione a un bambino di cinque anni, cosa diresti?" genera un cambiamento immediato nella struttura del pensiero. Questo, oltre a introdurre un elemento di curiosità, fa sì che la persona riformuli la situazione in modo più accessibile o positivo, il che può essere fondamentale per trovare soluzioni creative.

Queste domande sono particolarmente utili in contesti di coaching, leadership o anche nelle negoziazioni. Aiutano a dissolvere la rigidità mentale, promuovono la creatività e, proiettando il pensiero verso il futuro o una prospettiva inusuale, facilitano un clima di collaborazione e apertura. È fondamentale che le domande riflettano un interesse genuino e siano formulate in modo rispettoso e neutrale, affinché l'altra persona si senta a suo agio nel riflettere e condividere le proprie risposte. Questo approccio non solo permette di esplorare nuove possibilità, ma rafforza anche la connessione e la comprensione nell'interazione.

5. Cambia lo scenario o l'ambiente

Cambiare l'ambiente fisico in cui si svolge una conversazione o una riunione può essere un modo potente per interrompere i modelli mentali ed emotivi preimpostati, generando un effetto rinfrescante nella dinamica dell'interazione. Alterare lo scenario costringe i partecipanti a uscire dalla routine e ad adattare i loro sensi a un nuovo ambiente, creando naturalmente un "reset" mentale che può facilitare un cambiamento nell'approccio ai temi o problemi discussi.

Ad esempio, se sei in una riunione che è caduta in un ciclo di idee ripetitive o dove si percepisce stanchezza, una semplice proposta come cambiare stanza, uscire all'aperto, o anche solo chiedere a tutti di alzarsi per continuare il dibattito può rinnovare il flusso della conversazione. Questo cambiamento nell'ambiente fisico permette anche al cervello di associare l'argomento trattato a uno spazio diverso, il che aiuta a generare nuove associazioni e prospettive. Invece di vedere l'argomento come parte di una routine o struttura abituale, la mente inizia a associarlo a qualcosa di diverso e, quindi, diventa più ricettiva a idee innovative o a cambiamenti nell'approccio.

Spostarsi in un ambiente più rilassato o informale, come una breve passeggiata o una riunione in uno spazio aperto, può facilitare l'apertura e la creatività. Gli studi hanno dimostrato che il movimento fisico, in particolare, promuove un aumento della creatività e riduce la tensione, il che può essere particolarmente utile in contesti di decisioni importanti o quando è necessario risolvere conflitti.

Questa tecnica è particolarmente utile per leader, facilitatori e mediatori che cercano di introdurre un cambiamento nel tono e nella ricettività della conversazione senza dover intervenire direttamente sui contenuti discussi. Un cambiamento di scenario può essere sottile, ma il suo impatto sull'umore, la collaborazione e la disponibilità ad esplorare nuove idee può essere profondo, aprendo spazio a soluzioni più creative e a un clima di maggiore flessibilità e cooperazione.

6. Integra elementi sensoriali inaspettati

Integrare elementi sensoriali inaspettati è una tecnica efficace per interrompere i modelli, poiché attiva parti del cervello meno coinvolte in una conversazione tipica e, di conseguenza, devia l'attenzione dai pensieri automatici. Incorporare stimoli visivi, uditivi o cinestesici insoliti può catturare l'attenzione in modo istantaneo, reindirizzandola al messaggio che desideri sottolineare e generando un cambiamento nello stato mentale del tuo pubblico.

Ad esempio, se sei in una presentazione e vuoi riattivare l'attenzione, mostrare un'immagine visivamente impattante o introdurre un suono che contrasti con il tono abituale può catturare l'interesse. Un'immagine inaspettata che evochi emozioni forti o un suono che rompa la monotonia, come un breve audio della natura o una musica rilassante, può rivitalizzare l'attenzione del pubblico. Questo tipo di elementi non solo interrompe il flusso abituale, ma permette anche di vedere il contenuto da un angolo diverso, rendendolo più memorabile.

Un altro modo di introdurre elementi sensoriali è attraverso esercizi fisici, come chiedere ai partecipanti di alzarsi in piedi, alzare la mano per mostrare accordo, o anche cambiare posto. Questo non solo rompe l'inerzia fisica, ma cambia anche la disposizione mentale e corporea dei partecipanti, aiutando a entrare in uno stato di maggiore ricettività. Il movimento cinestesico favorisce una connessione fisica con il contenuto, il che può fare in modo che il messaggio risuoni in modo più profondo e significativo.

Inoltre, questo tipo di interruzioni sensoriali sono molto utili in ambienti educativi o di formazione, dove è comune che l'attenzione si disperda in sessioni prolungate. Utilizzare stimoli inaspettati può aiutare i partecipanti a riprendere il focus e affrontare i temi da una prospettiva più aperta e creativa, facilitando l'apprendimento e l'integrazione delle informazioni in modo più dinamico e coinvolgente.

7. Fai una pausa deliberata nel mezzo di un'idea importante

Una pausa deliberata nel mezzo di un'idea importante può essere una delle interruzioni più potenti, poiché crea un silenzio che "rompe" l'aspettativa di continuità e attira immediatamente l'attenzione su ciò che hai detto o stai per dire. Questa tecnica permette agli ascoltatori di elaborare e riflettere su ciò che hanno appena sentito, incentivando un ripensamento più profondo delle loro risposte o percezioni e offrendo loro un momento di introspezione che può rafforzare il messaggio.

Ad esempio, se stai esponendo un'idea cruciale durante una presentazione, fermarti strategicamente poco prima di menzionare il punto centrale genererà un'anticipazione che accresce l'importanza di ciò che stai per dire. Questa pausa non solo aggiunge peso emotivo al messaggio, ma concede anche all'interlocutore il tempo di riflettere e prepararsi mentalmente a ricevere l'informazione in modo più aperto e ricettivo.

In contesti di negoziazione o discussioni personali, le pause possono essere altrettanto efficaci per moderare il tono della conversazione. Fermandoti prima di rispondere a una posizione sfidante, puoi neutralizzare le tensioni ed evitare una risposta automatica o impulsiva. Questa interruzione, sebbene silenziosa, offre una pausa "attiva" che può allentare l'atmosfera e motivare l'interlocutore a riconsiderare la propria posizione, contribuendo a creare un clima di ascolto reciproco e rispetto.

Inoltre, nell'ambito terapeutico o di coaching, una pausa ben gestita dopo una domanda riflessiva invita il cliente a esplorare più a fondo i propri pensieri e sentimenti. Il silenzio controllato e focalizzato di una pausa in questi contesti è uno strumento che consente di approfondire la conoscenza di sé e l'introspezione, mentre per l'interlocutore diventa uno spazio di riflessione che lo spinge a impegnarsi attivamente e in modo significativo nella conversazione. Questa tecnica può trasformare anche le interazioni più quotidiane, aggiungendo una dimensione di riflessione e connessione che facilita un dialogo più profondo e arricchente.

8. Invita a immaginare scenari insoliti o radicalmente diversi

Invitare a immaginare scenari insoliti o radicalmente diversi può essere uno dei modi più efficaci per interrompere schemi di pensiero rigidi e aprire la mente a nuove prospettive. Questa tecnica sfrutta la naturale capacità della mente di esplorare l'ignoto e creare scenari ipotetici, permettendo all'interlocutore di sfuggire alle limitazioni e restrizioni della situazione attuale.

Ad esempio, ponendo una domanda come "Come risolveremmo questo problema se fossimo su un'isola deserta?", introduci una rottura improvvisa nella logica della conversazione che incoraggia a pensare in termini più creativi e, al contempo, riduce il carico emotivo dei problemi quotidiani. Questo cambiamento di contesto allontana la persona dai suoi preconcetti e facilita l'esplorazione di idee senza le barriere abituali, come limitazioni di risorse o vincoli di tempo.

Questo tipo di interruzione può essere utile anche in contesti lavorativi, dove le persone spesso operano seguendo norme e aspettative consolidate. Invitare a pensare "Cosa faremmo se il budget non fosse un problema?" o "Come affronteremmo questa situazione se potessimo ricominciare da zero?" può sbloccare idee e soluzioni innovative che altrimenti potrebbero passare inosservate. Ciò contribuisce a creare un'atmosfera di possibilità e ottimismo, dove i partecipanti si sentono liberi di esplorare ed esprimere proposte senza paura di fallire o di essere giudicati.

Anche in ambito personale, immaginare scenari insoliti può alleviare la tensione in situazioni di conflitto. Se durante una discussione complicata si propone una domanda come "Cosa direbbe il tuo io del futuro su questa situazione?", si interrompe il flusso di risposte automatiche e si introduce una prospettiva riflessiva che permette alle persone di prendere distanza emotiva e valutare il problema da un altro punto di vista.

Questa interruzione, sebbene semplice, apre percorsi mentali verso la creatività e l'innovazione, generando un ambiente in cui i partecipanti possono trovare soluzioni non convenzionali e, spesso, più efficaci.

9. Utilizza frasi di riformulazione o cambia la narrazione

Utilizzare frasi di riformulazione o cambiare la narrazione è una tecnica potente per interrompere schemi di pensiero presentando la situazione da una prospettiva completamente nuova. Questo approccio consente a una persona di vedere il problema con occhi diversi e in modo più ottimista, facilitando un cambiamento nel suo atteggiamento e nella sua disponibilità. Riformulare la narrazione mette in discussione l'interpretazione negativa o limitante che si è mantenuta, invitando i coinvolti a considerare alternative positive o inaspettate.

Ad esempio, dicendo "E se questo problema fosse, in realtà, un'opportunità?", introduci la possibilità che le difficoltà possano portare a risultati vantaggiosi. Questa affermazione permette all'interlocutore di distaccarsi dalla mentalità del problema e passare a uno stato mentale orientato alla soluzione o alla scoperta. Invece di concentrarsi esclusivamente sulla risoluzione di un conflitto percepito come negativo, la riformulazione apre la porta all'esplorazione degli aspetti positivi della situazione, come opportunità di apprendimento o crescita.

Questo tipo di interruzione è particolarmente utile nella leadership e nella gestione dei team, dove i problemi possono essere visti come ostacoli insormontabili. Un leader che pone domande come "Cosa potremmo scoprire se affrontassimo questa sfida come un gioco?" trasforma la difficoltà in qualcosa di gestibile e, in un certo senso, divertente. Questo cambiamento narrativo riduce la pressione e permette al team di rilassarsi e di esplorare approcci creativi e soluzioni alternative.

In contesti personali, la riformulazione può avere un effetto altrettanto positivo. Se qualcuno sta attraversando un momento difficile, dire qualcosa come "Quale parte di questa esperienza potresti apprezzare in futuro?" lo incoraggia a trovare un significato o un valore nella situazione che sta vivendo, promuovendo resilienza e apprendimento.

Cambiare la narrazione non solo interrompe il ciclo mentale di frustrazione o resistenza, ma crea anche un ambiente in cui le persone possono avere una visione più equilibrata delle sfide. Questo approccio consente di trasformare un ostacolo apparente in un'opportunità di crescita, promuovendo una mentalità positiva e rafforzando la capacità di affrontare situazioni complesse.

10. Modifica improvvisamente il tono, il ritmo o lo stile di comunicazione

Modificare improvvisamente il tono, il ritmo o lo stile di comunicazione può essere una tecnica sorprendentemente efficace per interrompere schemi di pensiero e catturare l'attenzione del tuo interlocutore. Questo cambiamento sottile nella comunicazione non verbale – che si tratti di abbassare il volume della voce, parlare più lentamente o aumentare il tono in momenti chiave – obbliga l'ascoltatore a ricalibrarsi e prestare attenzione. Quando qualcuno è disconnesso o indifferente durante una conversazione, queste variazioni possono riaccendere l'interesse, poiché i cambiamenti nella dinamica verbale attirano naturalmente l'attenzione.

Ad esempio, durante una riunione prolungata, se noti che l'audience sta perdendo concentrazione, puoi abbassare drasticamente il tono della voce. Questo cambiamento, simile a un sussurro, genera curiosità e spinge le persone a inclinarsi in avanti per ascoltare meglio, creando un effetto di rinnovata attenzione. Allo stesso modo, parlare più lentamente prima di condividere un punto importante genera un'anticipazione che mantiene il pubblico in sospeso, poiché percepisce che sta per arrivare qualcosa di significativo.

In presentazioni o discorsi, modificare il ritmo, ad esempio accelerando leggermente durante una parte emozionante o cruciale, può trasmettere energia e urgenza. Questa variazione comunica indirettamente al pubblico che c'è qualcosa di rilevante che merita tutta la loro attenzione. Alternativamente, una pausa o un cambiamento di stile subito dopo aver detto qualcosa di importante può dare peso al messaggio, permettendo agli ascoltatori di elaborarlo più profondamente.

Questa tecnica è particolarmente utile in conversazioni individuali o situazioni di leadership, dove le persone tendono a disconnettersi dopo aver ascoltato a lungo la stessa voce o tono. Un cambiamento improvviso nell'espressione verbale li distoglie dallo stato di distrazione, interrompendo il loro schema mentale di inerzia. In contesti più personali, modificare il tono o il ritmo in una conversazione intima o difficile può aiutare a esprimere meglio le emozioni, enfatizzare la sincerità o addolcire un argomento delicato, favorendo una connessione più profonda ed empatica.

Variando improvvisamente e consapevolmente lo stile di comunicazione, non solo riesci a catturare l'attenzione, ma aggiungi anche un livello di intenzionalità e energia al tuo messaggio, trasformando una conversazione monotona in uno scambio dinamico e memorabile.

Utilizzando questi consigli per sviluppare interruzioni di schemi, sarai in grado di influenzare le risposte in modo naturale e non conflittuale. La chiave è essere strategici e adattarsi al contesto, affinché l'interruzione venga percepita come un'invito a esplorare nuove possibilità e non come un'imposizione. Con la pratica, potrai integrare questi approcci con fluidità nelle tue conversazioni e presentazioni, rafforzando la tua capacità di connetterti e lasciare un impatto sugli altri.

ESERCIZI PER PRATICARE L'INTERRUZIONE DI SCHEMI

Esercizio 1: Identificazione degli schemi nelle conversazioni

Obiettivo: Sviluppare la capacità di riconoscere schemi di comportamento o di risposta nelle interazioni quotidiane ed esplorare tecniche di interruzione per reindirizzare la conversazione verso opzioni più costruttive.

Istruzioni:

1. **Identificazione iniziale degli schemi:** Durante le conversazioni con amici, familiari o colleghi, osserva attentamente come tendono a rispondere a determinate proposte o commenti. Identifica schemi ripetitivi nelle loro risposte o atteggiamenti.

Questo può includere frasi come "sì, ma...", comportamenti come cambiare rapidamente argomento o fornire sempre la stessa risposta evasiva.

2. **Riflessione sulle possibili interruzioni:** Dopo aver identificato lo schema, pensa a tecniche sottili per interromperlo senza forzare la situazione o mettere a disagio l'interlocutore. Considera l'uso di:
3. **Domande riflessive o inaspettate:** Domande come "Come pensi che risponderesti in una situazione diversa?" o "Come lo vedresti se ne parlassimo da un'altra prospettiva?" invitano alla riflessione.
4. **Commento umoristico o fuori dal comune:** Usa una frase come "E se fossimo in un film e questa fosse la scena clou? Cosa diresti?" Questo tipo di interruzione giocosa può far riflettere la persona in modo meno difensivo.
5. **Cambio di contesto:** Fai una pausa e commenta qualcosa sull'ambiente circostante o su un argomento neutro, come un oggetto particolare nella stanza o un suono esterno. Questo aiuta a spezzare la tensione e a riavviare la conversazione con un approccio diverso.
6. **Applicazione in una conversazione reale:** La prossima volta che noti lo stesso schema in una conversazione, prova la tua tecnica di interruzione per reindirizzare la risposta. Osserva se il cambiamento genera un effetto nell'atteggiamento del tuo interlocutore e se la conversazione prende una nuova direzione.
7. **Riflessione e analisi successiva:** Dopo aver testato l'interruzione, rifletti sui risultati:
8. Il cambiamento ha aiutato ad aprire nuove possibilità nella conversazione?

9. Hai notato una differenza nella disponibilità dell'interlocutore ad ascoltare o collaborare?
10. C'è stata una riduzione della tensione o della resistenza al dialogo?
11. **Ripetizione e adattamento:** Pratica questo esercizio in conversazioni diverse e con persone diverse. Analizzando i risultati in ogni interazione, adatta le tue tecniche di interruzione e osserva quali metodi funzionano meglio a seconda della persona e del contesto.

Esercizio 2: Riformulazione creativa

Obiettivo: Sviluppare abilità per cambiare la narrazione di situazioni problematiche e offrire nuove prospettive che promuovano un atteggiamento aperto e creativo.

Istruzioni:

1. **Identificazione del problema o della sfida:** Pensa a un problema o a una situazione che affronti frequentemente, sia sul lavoro che a casa. Questo può includere un disaccordo ricorrente con un collega, un compito noioso che si ripete regolarmente o un'attività che trovi difficile apprezzare, come le riunioni di squadra o la pianificazione settimanale.
2. **Formulazione di frasi di riformulazione:** Ora, pensa a due o tre frasi che possano dare una svolta positiva o intrigante alla situazione. Queste frasi devono invitare a vedere il problema o il compito da una prospettiva diversa e generare un nuovo punto di vista. Alcune idee includono:
3. **Riformulazione come opportunità:** "E se questo problema ci offrisse davvero l'opportunità di provare un approccio completamente diverso?"

4. **Riformulazione ludica:** "E se affrontassimo questa sfida come se fosse un gioco in cui l'obiettivo è trovare soluzioni creative?"
5. **Riformulazione a lungo termine:** "Come ricorderemo questo momento tra qualche mese? Quale parte potrebbe risultare la più importante in retrospettiva?"
6. **Applicazione in una conversazione reale:** Porta una delle frasi di riformulazione in una conversazione relativa al problema. Ad esempio, se stai discutendo con un collega la difficoltà di un compito, prova a introdurre la riformulazione: "E se vedessimo questo compito come un'opportunità per migliorare la nostra efficienza?" Nota come la frase cambia l'approccio alla conversazione.
7. **Osservazione delle reazioni e dei cambiamenti:** Osserva attentamente come la riformulazione influisce sugli interlocutori. Chiediti:
8. È cambiato lo stato d'animo o la disponibilità della persona?
9. Si sono mostrati più ricettivi o aperti a nuove idee?
10. Si è ridotta la resistenza o lo stress legato al problema?
11. **Riflessione sull'impatto e aggiustamenti futuri:** Dopo aver applicato la riformulazione, rifletti sull'efficacia della tecnica:
12. Quale delle frasi di riformulazione è stata più efficace?
13. Hai notato cambiamenti nel tono della conversazione o nelle idee proposte?
14. C'è qualche modifica che puoi fare per rendere le frasi di riformulazione ancora più incisive?
15. **Applicazione continua:** Pratica questa tecnica in contesti diversi per affinare la tua capacità di riformulazione. Sperimentando con problemi

diversi e adattandoti a ogni situazione, imparerai a trasformare conversazioni difficili in opportunità di creatività e risoluzione dei problemi.

Esercizio 3: Pause strategiche nelle discussioni

Obiettivo: Migliorare l'impatto delle tue parole attraverso pause strategiche, generando suspense e attirando l'attenzione nei momenti chiave.

Istruzioni:

1. **Pianificazione del messaggio chiave:** Identifica un messaggio o un'idea importante che prevedi di comunicare in una conversazione futura. Può trattarsi di un punto in una presentazione, una proposta rilevante in una riunione o un'osservazione in una conversazione personale. Visualizza mentalmente come vuoi formulare l'idea per trasmetterla in modo chiaro.
2. **Preparazione della pausa strategica:** Decidi il momento esatto in cui introdurre la pausa. Solitamente, una pausa efficace si colloca appena prima dell'affermazione chiave, permettendo al silenzio di catturare l'attenzione e creare aspettativa. Rifletti su dove una breve pausa potrebbe generare il massimo impatto e aumentare il peso del messaggio.
3. **Esercizio di pausa intenzionale:** Durante la conversazione, mentre ti avvicini al punto chiave, rallenta leggermente il ritmo e fai una pausa di 2-3 secondi prima di esporre il messaggio. Mantieni il contatto visivo durante la pausa, poiché questo intensifica l'effetto e richiama ulteriormente l'attenzione.
4. **Osservazione delle reazioni e regolazione in tempo reale:** Osserva attentamente le reazioni del

tuo interlocutore. Nota se la pausa ha provocato cambiamenti nell'espressione facciale o nel linguaggio del corpo, come un'inclinazione in avanti, meno battiti di ciglia o un cenno di assenso. Questi segnali indicano che hai catturato la loro attenzione.

5. **Riflessione sull'impatto della pausa:**
6. Hai percepito che il messaggio ha avuto un impatto più profondo?
7. L'interlocutore ha mostrato maggiore interesse rispetto a conversazioni precedenti senza pause?
8. Ti sei sentito più in controllo della conversazione?
9. **Pratica continua e regolazione della tecnica:** L'abilità di utilizzare pause strategiche migliora con la pratica. Applica questa tecnica in diverse conversazioni per sperimentare con la durata e il momento della pausa. Rifletti su come variazioni influenzano l'attenzione e l'impatto e regola di conseguenza.
10. **Sviluppo di fiducia nell'uso del silenzio:** Con la pratica, ti sentirai sempre più a tuo agio con i momenti di silenzio, comprendendo che una pausa non è un vuoto, ma uno strumento potente per rafforzare il tuo messaggio. Questa competenza migliorerà la qualità della tua comunicazione, rendendola più ponderata ed efficace.

Esercizio 4: Cambiare tono durante una presentazione o un discorso

Obiettivo: Usare cambiamenti di tono e ritmo per catturare l'attenzione, interrompere schemi di ascolto e aumentare l'impatto di messaggi importanti.

Istruzioni:

1. **Identificazione del punto chiave:** Prima della presentazione, identifica il momento cruciale in cui desideri enfatizzare un'idea importante. Può trattarsi di una dichiarazione finale, una conclusione essenziale o un concetto che vuoi che l'audience ricordi. Segna mentalmente questo passaggio o aggiungilo alle note.
2. **Pianificazione del cambiamento di tono o ritmo:** Decidi come modulerai la voce in quel punto. Alcuni esempi includono:
3. **Abbassare il volume:** Ridurre il volume prima di un'idea chiave crea un effetto di confidenza che cattura l'attenzione.
4. **Pausa o rallentamento del ritmo:** Parlare più lentamente aggiunge enfasi e lascia spazio affinché il messaggio venga assimilato.
5. **Aumento di energia o intensità:** Un tono più entusiasta può rendere l'idea più memorabile e generare una connessione emotiva con il pubblico.
6. **Pratica ad alta voce:** Esercitati pronunciando la parte con il cambiamento di tono. Immagina di essere già davanti al pubblico e prova diverse modulazioni per vedere quale enfatizza meglio il messaggio. Questa preparazione ti aiuterà a sentirti sicuro e naturale durante l'intervento.
7. **Applicazione in tempo reale:** Durante la presentazione, quando raggiungi il punto chiave, esegui il cambiamento di tono o ritmo come pianificato. Mantieni il contatto visivo in quel momento per amplificare l'impatto e rafforzare la connessione con l'audience.
8. **Osservazione della reazione del pubblico:** Nota come reagisce il pubblico:
9. Qualcuno smette di guardare il telefono o si inclina in avanti?

10. Vedi cenni di assenso o maggiore partecipazione?
11. Il cambiamento di tono ha creato una pausa mentale nell'audience, aumentando il coinvolgimento?
12. **Riflessione sull'efficacia:** Dopo la presentazione, analizza l'effetto del cambiamento di tono. Chiediti:
13. Il pubblico ha reagito come previsto?
14. Il messaggio è risultato più chiaro e incisivo?
15. Ci sono stati momenti in cui il cambiamento poteva essere più fluido o più marcato?
16. **Adattamento e pratica continua:** Prova diverse modulazioni di tono, ritmo e volume in vari contesti per perfezionare la tua capacità di mantenere viva l'attenzione. Con il tempo, svilupperai uno stile comunicativo più dinamico, diventando un oratore più efficace e coinvolgente.

Esercizio 5: Creare domande insolite o provocatorie

Obiettivo: Utilizzare domande creative per interrompere schemi di pensiero abituali e favorire nuove prospettive o idee.

Istruzioni:

1. **Identificazione di un contesto abituale:** Pensa a una situazione o conversazione che tende a seguire schemi prevedibili, come una riunione di squadra in cui si ripetono gli stessi argomenti o una conversazione familiare su un tema ricorrente. È consigliabile scegliere un contesto in cui una prospettiva nuova potrebbe aggiungere valore o stimolare la creatività.
2. **Creazione di una domanda fuori dal comune:** Pensa a una o due domande che siano non solo inaspettate, ma che permettano un'espansione mentale. Rifletti su domande che invitano

all'immaginazione o a un cambiamento di prospettiva, come:

- "Come affronteremmo questa situazione se dovessimo risolverla da zero?"
- "Se dovessimo spiegare questa situazione a un bambino di cinque anni, come lo faremmo?"
- "Quale decisione prenderemmo se non ci fossero limiti di tempo o risorse?"

1. **Adattamento della domanda al contesto e pratica della formulazione:** Prova mentalmente la domanda per assicurarti che scorra in modo naturale e non sembri forzata. Formulala come un invito a immaginare qualcosa di diverso o come una sfida a pensare da un altro punto di vista. Se possibile, esercitati a dirla ad alta voce per garantire un tono amichevole e accessibile.
2. **Introduzione della domanda nella conversazione:** Al momento opportuno, introduci la domanda durante la conversazione o la riunione, scegliendo un tono amichevole e aperto. È importante che la domanda non sembri un'interrogazione, ma un invito all'esplorazione. Puoi presentarla con una frase introduttiva che sposti delicatamente l'attenzione, come "Per curiosità…" o "Vi siete mai chiesti…?".
3. **Osservazione della reazione e dinamica della conversazione:** Nota come la domanda influisce sul flusso della conversazione. Osserva se la domanda:

- Suscita interesse o curiosità.
- Genera risate, alleggerendo la tensione e rendendo la conversazione più rilassata.

- Invita i partecipanti a offrire risposte creative o a considerare l'argomento da una prospettiva diversa.

1. **Riflessione sull'impatto della domanda:** Dopo la conversazione, rifletti sull'efficacia della domanda:

- Ha aiutato i partecipanti a uscire dai loro schemi abituali di pensiero?
- La domanda ha contribuito a sbloccare nuove idee o a cambiare il focus della discussione?
- C'è stato un cambiamento nell'energia o nell'atteggiamento del gruppo?

1. **Adattamento della tecnica per future conversazioni:** In base all'esperienza, adatta la formulazione delle domande insolite affinché si adattino meglio al contesto di future conversazioni. Con la pratica, sarà più facile identificare il tipo di domande che interrompono meglio gli schemi e favoriscono l'apertura mentale, aiutandoti a diventare un facilitatore di conversazioni dinamiche e originali.

Esercizio 6: Introdurre un elemento sensoriale inaspettato

Obiettivo: Utilizzare stimoli sensoriali come strumento per interrompere la monotonia e ravvivare l'interesse in una conversazione o presentazione.

Istruzioni:

1. **Scelta dello stimolo sensoriale adatto:** Pensa al tipo di stimolo che potrebbe catturare meglio l'attenzione nel contesto della tua prossima presentazione o riunione. Puoi optare per:

- **Visivo:** un'immagine sorprendente o una diapositiva che contrasta con il contenuto precedente.
- **Uditivo:** un breve clip audio che rafforza un messaggio, come un suono ambientale o una musica di sottofondo.
- **Cinetico:** un movimento fisico che coinvolge i partecipanti, come alzare la mano per esprimere accordo, girarsi verso un collega o fare una breve pausa per stirarsi.

1. **Pianificazione del momento esatto per introdurlo:** Identifica la parte della presentazione o conversazione in cui il pubblico potrebbe aver bisogno di un cambiamento di ritmo. Questo potrebbe avvenire dopo la spiegazione di un concetto tecnico o dopo una sessione di domande e risposte. Scegli di introdurre lo stimolo quando percepisci un calo di attenzione o quando vuoi enfatizzare un'idea importante.
2. **Preparazione dello stimolo:** Assicurati che l'elemento sensoriale sia pronto per integrarsi con fluidità nella tua presentazione. Se si tratta di un'immagine, testala nelle diapositive; se è un audio, verifica che il volume sia adeguato; se è un movimento, pratica come dare l'istruzione chiaramente affinché il pubblico si senta a proprio agio.
3. **Introduzione dello stimolo in modo naturale:** Quando arriva il momento giusto, presenta l'elemento sensoriale come parte integrante della presentazione o conversazione. Puoi dire:

- **Per un'immagine:** "Guardate questa immagine per un attimo, cosa vi trasmette?"

- **Per un audio:** "Ascoltiamo questo suono; credo che esprima bene il messaggio che voglio comunicare."
- **Per un movimento:** "Alzi la mano chi si è trovato in questa situazione" o "Facciamo una breve pausa per stirarci un po'."

1. **Osservazione della reazione del pubblico:** Osserva attentamente la reazione dei partecipanti:

- Lo stimolo genera sorpresa o curiosità?
- Suscita una reazione emotiva o risate?
- Aumenta l'attenzione e coinvolge attivamente i partecipanti?

1. **Riflessione sull'impatto dello stimolo:** Dopo la sessione, valuta l'efficacia dello stimolo sensoriale:

- Ha contribuito a mantenere alta l'attenzione del pubblico?
- I partecipanti hanno mostrato maggiore coinvolgimento?
- C'è stato un miglioramento nell'interazione e nella partecipazione?

1. **Adattamento di futuri stimoli:** In base all'esperienza, perfeziona il tipo di stimolo che utilizzerai in futuro. Sperimenta con diversi sensi e momenti per trovare ciò che funziona meglio in contesti differenti. Con il tempo, riuscirai a integrare questi stimoli in modo intuitivo per arricchire le tue presentazioni e mantenere viva l'attenzione del pubblico.

Esercizio 7: Scenari ipotetici
Obiettivo: Utilizzare scenari immaginativi e poco conven-

zionali per rompere schemi di pensiero e facilitare che l'interlocutore esplori nuove possibilità.

Istruzioni:

1. **Identificazione del tema o problema ricorrente:** Scegli una situazione specifica che tende a causare blocchi nelle conversazioni. Può trattarsi di un dilemma lavorativo in cui i team non avanzano a causa di restrizioni di risorse, una discussione familiare sull'organizzazione di un evento, o qualsiasi tema in cui si percepisca una mancanza di soluzioni creative. Assicurati che il problema abbia diversi fattori che possano beneficiare di un approccio innovativo.
2. **Creazione dello scenario ipotetico:** Immagina un contesto radicalmente diverso e stimolante. Alcuni esempi efficaci potrebbero essere:

- "Come risolveremmo questo problema se avessimo risorse illimitate e nessun limite di tempo?"
- "Quali idee avremmo se vedessimo questa situazione dallo spazio?"
- "Se avessimo una sola opportunità per risolverlo, cosa faremmo di diverso?"
- Assicurati che lo scenario scelto ispiri un senso di libertà e permetta ai partecipanti di liberarsi dalle limitazioni pratiche, concentrandosi su soluzioni idealistiche o creative.

1. **Introduzione dello scenario nella conversazione:** Presenta lo scenario in modo che i partecipanti provino curiosità e un tocco di divertimento nell'esplorare l'idea. Puoi dire qualcosa come:

- "Immaginiamo per un momento di essere su un'isola deserta e che questo problema sia la nostra unica priorità. Quali soluzioni vi vengono in mente?"
- "E se risolvessimo questo problema con l'idea che tutto sia possibile? Come cambierebbero le nostre idee?"

1. **Osservazione della risposta e creatività nella conversazione:** Nota come l'uso dello scenario cambia la dinamica della conversazione. Osserva se:

- I partecipanti rilassano il tono e iniziano a offrire idee più libere o insolite.
- L'atmosfera diventa più aperta, con un maggiore flusso di idee.
- Le risposte diventano più ottimiste e orientate alle possibilità rispetto agli approcci precedenti.

1. **Riflessione sull'impatto dello scenario:** Dopo la conversazione, rifletti su come questo cambiamento di prospettiva ha alterato il flusso di idee e le possibili soluzioni:

- Lo scenario ha aiutato a generare proposte diverse o più creative?
- Ha permesso di esplorare idee che prima sembravano irrilevanti o impossibili?
- C'è stata qualche proposta nuova che può essere adattata alla realtà e applicata efficacemente?

1. **Applicazione di scenari in future conversazioni:** In base all'esperienza, adatta i tipi di scenari per vedere cosa funziona meglio a seconda del contesto

e dei partecipanti. Sperimenta con scenari che variano in grado di immaginazione e valuta come rispondono i diversi gruppi. Man mano che perfezioni questa tecnica, potrai renderla una risorsa abituale per sbloccare conversazioni, migliorare la collaborazione e favorire il pensiero creativo in situazioni di stallo.

Esercizio 8: Umorismo o assurdo per alleviare le tensioni

Obiettivo: Praticare l'introduzione di elementi umoristici o assurdi in conversazioni tese per disinnescare risposte difensive e favorire un ambiente più rilassato e collaborativo.

Istruzioni:

1. **Identificazione di momenti tesi:** Scegli situazioni in cui tipicamente sorgono tensioni o difese, come riunioni di lavoro dove le opinioni sono divise, discussioni familiari su temi delicati o qualsiasi altro contesto in cui i partecipanti tendono a mettersi sulla difensiva. Assicurati di scegliere un momento in cui l'umorismo possa essere ben accolto e non percepito come inappropriato.
2. **Creazione di commenti umoristici o assurdi:** Pensa a commenti che possano essere arguti o leggermente assurdi, ma che non critichino o si riferiscano a nessuno in modo personale. Esempi utili possono essere:

- "Beh, almeno non stiamo cercando di risolvere questo problema mentre camminiamo su una fune sospesa!"
- "Se riusciamo a risolvere questo, meritiamo un premio per la pazienza collettiva."
- "Se fosse un film, questa sarebbe la scena di suspense… Qualcuno vuole i popcorn?"

- La chiave è che il commento sia leggero, inaspettato e un po' assurdo, per distogliere i partecipanti dall'attenzione tesa senza sminuire il problema in sé.

1. **Introduzione del commento al momento giusto:** Quando noti che la conversazione raggiunge un tono più serio o difensivo, introduce il commento in modo casuale, permettendo agli altri di percepirlo come una via d'uscita divertente piuttosto che come una distrazione.
2. **Osservazione della reazione del gruppo:** Nota se il commento genera sorrisi, risate o un cambiamento nel linguaggio del corpo dei partecipanti, come un rilassamento nella postura o un contatto visivo più aperto. Osserva anche se:

- La conversazione prende una piega più leggera o fluida.
- I partecipanti abbassano il tono difensivo e iniziano a condividere di più.
- Si favorisce un ambiente più inclusivo e collaborativo in cui si può tornare al tema senza tensione.

1. **Riflessione sull'impatto dell'umorismo o dell'assurdo:** Dopo la conversazione, rifletti su come l'uso dell'umorismo ha influenzato la dinamica:

- L'umorismo ha aiutato a rilassare le tensioni?
- I partecipanti erano più disposti a contribuire dopo il commento?
- L'atmosfera è diventata più aperta e meno difensiva?

1. **Sperimentazione e aggiustamenti:** Ripeti questo esercizio in diversi contesti per sperimentare con diversi tipi di umorismo e vedere quali commenti sono più efficaci a seconda del gruppo e della situazione. Pratica l'uso dell'umorismo con equilibrio affinché diventi una risorsa naturale che puoi utilizzare in future interazioni, contribuendo a creare ambienti collaborativi e ad alleggerire situazioni potenzialmente difficili.

CAPITOLO 10
APPLICAZIONE INTEGRALE NELLA VITA QUOTIDIANA

Integrare i modelli di Milton nella comunicazione quotidiana può rivoluzionare le nostre interazioni, soprattutto quando l'obiettivo è persuadere. Questo capitolo si concentrerà su come combinare diversi modelli di Milton in una conversazione o presentazione per massimizzare l'efficacia persuasiva.

L'uso efficace dei modelli di Milton non si limita a situazioni isolate; la vera maestria nella persuasione emerge dalla capacità di intrecciare vari modelli in un unico discorso o dialogo. La chiave sta nella fluidità e naturalezza con cui vengono introdotti questi modelli, assicurando che l'ascoltatore si senta a proprio agio e ricettivo, anziché manipolato. Ciò significa adattare il messaggio alle esigenze e alle emozioni del pubblico, facendo sì che ogni modello risuoni a livello personale.

Immagina di essere in una presentazione destinata a persuadere un team ad adottare un nuovo approccio a un progetto. Potresti iniziare con una potente metafora per stabilire il contesto e catturare l'attenzione: "Questo progetto è come intraprendere insieme una grande avventura, in cui ognuno di noi svolge un ruolo cruciale". Presentando l'idea di un'avventura, non solo attivi l'immaginazione del team, ma inviti anche a un'interpretazione positiva del cambiamento.

Successivamente, incorpora suggerimenti impliciti e comandi nascosti: "Man mano che esploriamo nuove idee, potremmo scoprire opportunità che non avremmo mai immaginato fossero lì". Questa formulazione non solo evidenzia il potenziale positivo del nuovo approccio, ma ammorbidisce anche la transizione, facendo sentire il team motivato a partecipare al processo senza avvertire pressione.

Intercalando letture mentali, puoi connetterti emotivamente con il pubblico dicendo: "So che alcuni potrebbero provare incertezza riguardo all'ignoto; è qualcosa di completamente naturale". Riconoscere le emozioni degli altri non solo convalida i loro sentimenti, ma rafforza anche il tuo messaggio persuasivo, creando un senso di empatia e comprensione.

Infine, chiudi la presentazione con un'interruzione di schema che lasci un'impressione duratura, come un aneddoto personale che illustri un successo inaspettato o un risultato precedente del team. Ad esempio: "Ricordo quando abbiamo affrontato una sfida simile e, alla fine, abbiamo scoperto abilità e punti di forza che non sapevamo di avere". Questa riflessione non solo riafferma la capacità del team, ma li invita anche a vedere il nuovo progetto come un'opportunità per crescere.

Integrando questi modelli in modo globale nella persuasione, puoi creare un discorso che non solo informa, ma anche ispira, motiva e, soprattutto, persuade efficacemente il tuo pubblico.

Di seguito troverai una serie di esercizi progettati per praticare in modo integrale i vari modelli che hai appreso nel corso di questo libro.

ESERCIZI PER L'APPLICAZIONE INTEGRALE DEI MODELLI DI MILTON NELLA PERSUASIONE QUOTIDIANA

Esercizio 1: Creazione di un discorso persuasivo

Obiettivo: Integrare diversi modelli di Milton in un discorso o presentazione persuasiva, rendendo il messaggio efficace e coinvolgente per il pubblico.

Istruzioni:

1. **Scegli il tuo argomento:** Inizia scegliendo un argomento rilevante e significativo per te e per il tuo pubblico. Potrebbe trattarsi di un progetto su cui stai lavorando, una proposta per migliorare un aspetto del tuo ambiente lavorativo o un'idea che desideri condividere in un contesto accademico. Assicurati che l'argomento sia qualcosa che ti appassiona o che ritieni importante, poiché il tuo entusiasmo si rifletterà nella presentazione.
2. **Bozza del discorso:**

- **Metafora iniziale:** Inizia con una metafora che stabilisca il contesto e catturi l'attenzione del pubblico. Questa immagine deve essere potente e pertinente all'argomento. Ad esempio, se parli di lavoro di squadra, potresti dire: "Lavorare insieme su questo progetto è come costruire un ponte: ognuno di noi contribuisce con un mattone essenziale per rendere la struttura solida".
- **Comandi nascosti:** Durante il discorso, introduci comandi nascosti in modo naturale. Invece di fare richieste dirette, suggerisci azioni attraverso osservazioni. Ad esempio, potresti dire: "Molti hanno scoperto che collaborare sin dall'inizio non solo migliora la comunicazione, ma potenzia anche

la creatività del team". Qui, il comando è implicito nell'azione di collaborare.

- **Suggerimenti impliciti:** Incorpora suggerimenti che evidenziano i benefici della tua proposta. Ad esempio, puoi dire: "Immaginate come potremmo ridurre lo stress e aumentare l'efficienza delegando meglio i compiti". Questa formulazione non solo suggerisce un'azione, ma invita anche il pubblico a visualizzare i benefici.
- **Chiusura ispiratrice:** Concludi il discorso con una frase che integri diversi modelli. Ad esempio: "Alla fine, il successo di questo progetto dipenderà non solo dalla nostra pianificazione, ma anche dalla nostra capacità di unire le forze e credere nel potenziale che ognuno di noi porta con sé. Insieme, possiamo costruire qualcosa di straordinario".

1. **Pratica e fluidità:** Dopo aver abbozzato il discorso, esercitati a voce alta. Presta attenzione alla fluidità con cui introduci i modelli di Milton, assicurandoti che si integrino naturalmente nella conversazione. Usa un tono di voce dinamico e appropriato, alternando velocità ed intonazione per mantenere l'interesse del pubblico. Se possibile, registrati per ascoltare il discorso e apportare modifiche se necessario.
2. **Feedback:** Se hai l'opportunità, presenta il discorso a un amico o familiare prima di farlo davanti al pubblico principale. Chiedi feedback sulla chiarezza dei modelli utilizzati e sull'impatto emotivo. Chiedi se ci sono stati momenti in cui si sono sentiti particolarmente coinvolti o se ci sono parti che potrebbero essere migliorate. Questo ti permetterà di affinare ulteriormente il discorso.

Questo esercizio ti aiuterà non solo a integrare i modelli di Milton nella comunicazione persuasiva, ma anche a sviluppare capacità di presentazione che risuoneranno con il tuo pubblico, facilitando un messaggio più efficace e significativo.

Esercizio 2: Conversazioni quotidiane

Obiettivo: Praticare l'integrazione dei modelli di Milton nelle interazioni quotidiane, sviluppando capacità per influenzare e persuadere in modo efficace in situazioni di tutti i giorni.

Istruzioni:

1. **Identificazione della conversazione:** Scegli una conversazione quotidiana in cui desideri influenzare o persuadere qualcuno. Potrebbe trattarsi di una chiacchierata informale con un amico su dove andare a cena, una discussione con un collega su un progetto o una conversazione con un familiare su una decisione da prendere. Assicurati che sia un contesto in cui puoi applicare le tue capacità persuasive in modo naturale.
2. **Pianificazione dei modelli:** Prima della conversazione, prenditi un momento per riflettere e annotare almeno tre modelli di Milton che intendi utilizzare. Puoi scegliere tra:

- **Lettura mentale:** Osserva i segnali non verbali dell'altra persona e formula dichiarazioni empatiche che riflettano le sue emozioni.
- **Metafore:** Inizia la conversazione con una metafora che contestualizzi l'argomento e catturi l'attenzione.
- **Comandi nascosti:** Introduci comandi in modo sottile durante la conversazione, suggerendo azioni senza fare richieste dirette.

- **Interruzione di schema:** Includi elementi inaspettati per deviare il flusso abituale della conversazione e aprire nuove possibilità.

1. **Applicazione nella conversazione:** Durante la conversazione, prova ad applicare questi modelli in modo organico. Inizia utilizzando la metafora scelta per stabilire il contesto, poi osserva le reazioni dell'altra persona per identificare eventuali emozioni o resistenze. Usa la lettura mentale per adattare il tuo messaggio in base alla loro risposta. Integra comandi nascosti nel discorso, assicurandoti che fluiscano in modo naturale.
2. **Osservazione e regolazione:** Mentre parli, presta attenzione a come reagisce l'altra persona. È aperta alla conversazione? Mostra interesse o resistenza? Questo ti permetterà di regolare il tuo approccio in tempo reale. Se senti che un modello non sta funzionando, non esitare a passare a un altro che ritieni più efficace o rilevante per il momento.
3. **Riflessione post-conversazione:** Al termine della conversazione, rifletti su ciò che ha funzionato e su cosa potrebbe essere migliorato. Chiediti come si è sentita l'altra persona e se i tuoi tentativi di influenzare o persuadere sono stati efficaci. Valuta quali modelli hanno avuto il maggiore impatto e come potresti perfezionare il tuo approccio in future interazioni.

Questo esercizio ti aiuterà a praticare l'integrazione dei modelli di Milton e a migliorare la tua capacità di comunicare in modo più efficace e persuasivo, creando connessioni più significative con gli altri.

Esercizio 3: Riflessione sulla persuasione

Obiettivo: Valutare l'uso dei modelli di Milton nella

comunicazione persuasiva, sviluppando una comprensione più profonda della loro efficacia e delle aree di miglioramento.

Istruzioni:

1. **Riflessione post-interazione:** Dopo aver condotto una presentazione o una conversazione persuasiva, prenditi un momento per riflettere sull'esperienza. Trova un luogo tranquillo e dedicati qualche minuto per pensare a ciò che è accaduto. Considera le seguenti domande per guidare la tua riflessione:

- **Identificazione di modelli efficaci:** Quali modelli di Milton hai utilizzato durante l'interazione e quali hanno avuto il maggiore impatto sul pubblico? Ci sono stati momenti specifici in cui il tuo messaggio ha avuto particolare risonanza? Rifletti sul perché quei modelli hanno funzionato in quel contesto particolare. Considera elementi come il tono di voce, la scelta delle parole e la connessione emotiva che hai stabilito.
- **Connessione con il pubblico:** Ci sono stati momenti in cui hai notato che il pubblico sembrava disconnesso o disinteressato? Pensa ai segnali non verbali che hai colto, come sguardi distratti o mancanza di partecipazione. Come potresti migliorare quei momenti in future interazioni? Ciò potrebbe includere la modifica del tuo approccio, l'uso di un modello diverso o l'inserimento di più esempi o storie che catturino l'attenzione.
- **Modelli futuri:** Valutando la tua esperienza, rifletti su quali modelli potrebbero essere più efficaci nelle future interazioni. Pensa al contesto, al pubblico e al messaggio che desideri trasmettere. C'è qualche modello che non hai utilizzato questa volta e che

potrebbe migliorare la comunicazione? Fai una lista dei modelli che vorresti esplorare ulteriormente in futuro.

1. **Documentazione delle riflessioni:** Scrivi le tue risposte e riflessioni in un diario dedicato alle tue capacità di comunicazione e persuasione. Questo processo di scrittura ti permetterà di chiarire i tuoi pensieri e di monitorare i tuoi progressi nel tempo. Assicurati di includere dettagli specifici sulla situazione, i modelli utilizzati e i risultati osservati. Riflettere per iscritto non solo aiuta a consolidare l'apprendimento, ma fornisce anche un riferimento utile per future presentazioni e conversazioni.

Questo esercizio non solo promuove l'autoconsapevolezza nelle tue capacità persuasive, ma ti offre anche l'opportunità di crescere e adattare il tuo approccio comunicativo. Con la pratica e la riflessione continua, potrai integrare in modo più efficace i modelli di Milton nella tua vita quotidiana e migliorare le tue interazioni con gli altri.

Esercizio 4: Esercizi di scrittura creativa

Obiettivo: Praticare la creazione di metafore e comandi nascosti per migliorare le tue capacità di comunicazione persuasiva.

Istruzioni:

1. **Scelta del tema:** Inizia scegliendo un tema o un'idea centrale che desideri esplorare nella tua scrittura. Potrebbe trattarsi di una sfida personale che stai affrontando, un obiettivo che vuoi raggiungere o un concetto che ti ispira. La chiarezza nel tema ti permetterà di concentrarti meglio sulle metafore e sui comandi.

2. **Creazione di metafore:** Una volta scelto il tema, crea almeno tre metafore che lo rappresentino in modo creativo ed evocativo. Assicurati che ciascuna metafora sia rilevante per l'argomento e riesca a catturare l'essenza di ciò che vuoi comunicare. Ad esempio, se il tema è la crescita personale, potresti usare metafore come: "Il cammino verso la crescita è come una pianta che sboccia dopo aver attraversato una tempesta". Ogni metafora deve offrire un'immagine chiara che consenta al lettore di visualizzare e connettersi emotivamente con il messaggio.
3. **Sviluppo di comandi nascosti:** Successivamente, scrivi cinque comandi nascosti relativi al tuo tema. Questi devono suggerire azioni che desideri che il lettore consideri, enfatizzando i benefici di compiere tali azioni. Ad esempio, invece di dire "Dovresti praticare la gratitudine", potresti formulare: "Molti scoprono che prendersi un momento per riflettere su ciò per cui sono grati trasforma la loro prospettiva quotidiana". Questo consente al comando di suonare meno impositivo e più come un'opzione da esplorare.
4. **Feedback e riflessione:** Una volta completate le metafore e i comandi, condividi i tuoi scritti con una persona di fiducia, come un amico o un collega. Chiedi un feedback sulla chiarezza e sull'efficacia dei modelli utilizzati. Chiedi loro se le metafore hanno risuonato con loro e se i comandi nascosti hanno catturato il loro interesse e motivazione. Questo feedback è prezioso, poiché ti aiuterà a identificare aree di miglioramento e a regolare il tuo stile comunicativo per renderlo più persuasivo.

Questo esercizio ti aiuterà a migliorare le tue abilità di

scrittura creativa e a integrare i modelli di Milton in modo pratico, arricchendo le tue future interazioni comunicative e persuasive. Praticando la creazione di metafore e comandi nascosti, ti preparerai a comunicare in modo più efficace in una varietà di contesti.

Esercizio 5: Analisi di discorsi famosi

Obiettivo: Apprendere da esempi di persuasione efficace nei discorsi pubblici attraverso l'analisi dei modelli di Milton.

Istruzioni:

1. **Selezione del discorso:** Inizia scegliendo un discorso famoso che ritieni particolarmente persuasivo. Puoi cercare online discorsi storici, discorsi politici, presentazioni ispiratrici o qualsiasi discorso che risuoni con te. Alcune opzioni popolari includono il discorso "I Have a Dream" di Martin Luther King Jr., il discorso di laurea di Steve Jobs a Stanford o il discorso di accettazione del Premio Nobel di Malala Yousafzai.
2. **Ascolta o leggi il discorso:** Prenditi il tempo per ascoltare il discorso in formato audio o leggilo attentamente. Durante questa fase, concentrati sul contenuto e sulla modalità con cui il messaggio viene trasmesso, non solo sulle parole, ma anche sul modo in cui l'oratore si esprime e si connette con il pubblico.
3. **Prendi appunti sui modelli di Milton:** Mentre analizzi il discorso, prendi appunti sulle diverse tecniche persuasive utilizzate. Presta particolare attenzione a metafore, comandi nascosti, domande retoriche e qualsiasi altro modello di Milton impiegato. Rifletti su come queste tecniche contribuiscono all'efficacia del discorso. In che modo aiutano a creare connessione emotiva? Come motivano il pubblico ad agire o riflettere?

Considera l'impatto che ogni modello ha sul messaggio complessivo.

4. **Sintesi e riflessione:** Dopo l'analisi, scrivi un breve riassunto di ciò che hai appreso dal discorso. Rifletti su quali modelli di Milton si sono distinti e come potresti applicare quegli stessi modelli nelle tue interazioni persuasive. Pensa a situazioni specifiche in cui potresti usare metafore efficaci, comandi nascosti o letture mentali per migliorare la tua capacità di persuasione.

Questo esercizio è progettato per consentirti di praticare e padroneggiare l'applicazione integrale dei modelli di Milton nella tua comunicazione quotidiana. Apprendendo da esempi concreti di oratoria efficace, potrai arricchire le tue abilità di persuasione ed essere più efficace nelle tue interazioni, sia in ambito professionale, personale o sociale. La riflessione su come questi modelli si manifestano nei discorsi influenti ti fornirà strumenti preziosi per diventare un comunicatore più persuasivo e autentico.

CONCLUSIONE

Nel corso di questo libro, abbiamo intrapreso un viaggio affascinante e arricchente attraverso i modelli di Milton e la loro applicazione nella comunicazione persuasiva. Dalla comprensione delle basi della persuasione indiretta fino all'implementazione di tecniche sofisticate come comandi nascosti, metafore e analogie, abbiamo esplorato strumenti preziosi che possono trasformare le nostre interazioni in tutti gli ambiti della vita, sia professionale, personale o sociale. Questa conclusione servirà per riassumere i punti chiave appresi, offrire consigli per la pratica continua e motivare un'esplorazione più approfondita della Programmazione Neuro-Linguistica (PNL).

Uno degli aspetti più significativi è che i modelli di Milton non solo migliorano la nostra capacità di comunicare in modo efficace, ma arricchiscono anche le nostre relazioni permettendoci di connetterci in modo più significativo con gli altri. Abbiamo appreso la differenza fondamentale tra persuasione diretta e indiretta, comprendendo come la prima possa generare resistenza, mentre la seconda apre la porta a nuove possibilità. Attraverso l'uso consapevole di tecniche come metafore, lettura mentale e comandi nascosti, ci è stato mostrato come attenuare la resistenza e favorire l'apertura a nuove idee, consentendo ai nostri interlocutori di esplorare concetti senza sentirsi sotto pressione.

Abbiamo inoltre discusso l'importanza di applicare queste tecniche in modo etico, ricordando che il rispetto per l'autonomia e la libertà di scelta dei nostri interlocutori è essenziale. Persuadere non deve essere un atto di manipolazione, ma un'opportunità per creare connessioni autentiche che permettano alle persone di prendere decisioni informate e significative.

La padronanza dei modelli di Milton non si raggiunge dall'oggi al domani; richiede pratica, dedizione e un approccio riflessivo. Per aiutarti in questo percorso, ecco alcuni consigli pratici per incorporare queste tecniche nella tua vita quotidiana:

1. **Riflessione attiva:** Dopo ogni conversazione importante, prenditi un momento per riflettere su come hai applicato i modelli di Milton e su quali aspetti potresti migliorare in futuro. Questa autovalutazione ti permetterà di identificare i tuoi punti di forza e le aree di crescita.
2. **Piccole dosi:** Inizia a utilizzare i modelli in situazioni a bassa pressione, come conversazioni informali con amici o familiari. Questo ti permetterà di acquisire fiducia e fluidità prima di applicarli in contesti più impegnativi, come negoziazioni o presentazioni importanti.
3. **Feedback continuo:** Cerca feedback onesto da persone di fiducia che possano commentare sull'efficacia e sulla ricezione della tua comunicazione. Questo input esterno ti aiuterà a regolare il tuo approccio e affinare le tue capacità di persuasione.

Mentre continui a esplorare e praticare questi modelli,

ricorda che la persuasione è tanto un'arte quanto una scienza. La capacità di influenzare gli altri si basa su una profonda comprensione delle loro emozioni, desideri e motivazioni. Integrando i modelli di Milton nella tua comunicazione, non solo diventerai un comunicatore più efficace, ma arricchirai anche le tue relazioni interpersonali, facilitando un ambiente di connessione e collaborazione più profonda.

Ti incoraggio a continuare a esplorare la Programmazione Neuro-Linguistica (PNL) e le sue molteplici applicazioni, poiché questo approccio non solo ha il potenziale di trasformare il tuo modo di comunicare, ma può anche essere una risorsa preziosa per il tuo sviluppo personale e professionale. Alla fine della giornata, la persuasione efficace si traduce nella capacità di generare cambiamenti positivi nella vita delle persone, e tu hai gli strumenti necessari per farlo.

www.ingramcontent.com/pod-product-compliance
Lightning Source LLC
Chambersburg PA
CBHW051250250726
48656CB00004B/1211
* 9 7 9 8 3 0 4 8 6 3 1 0 0 *